「快速」と「準急」はどっちが速い？

鉄道のオキテはややこしい

所澤秀樹

光文社新書

はしがき

この国は、何かと「制度」がややこしい。

事業を営まれている御仁は、会計処理の複雑なルールに、とかく悩むことも多いのではなかろうか。売掛金に買掛金、棚卸、そして減価償却などなど、細かくて面倒くさいことがあまりにも多すぎる。

所得税確定申告の際の、所得から差し引かれる金額（所得控除）の計算というやつも、なかなかにしてややこしい。そもそも、雑損控除、医療費控除、社会保険料控除、生命保険料控除、地震保険料控除、寄附金控除、配偶者控除、扶養控除等々、控除となる対象の多さに眼を瞠《みは》る。誠に有り難いことだが、医療費控除を受けようとするときなど、医療機関の領収書の整理や、交通費の計算がやっかいで仕方がない。

まあ、ひいき目に見れば、お上《かみ》が国民有利を考えすぎるがあまりに、制度がこうも複雑化したのではないかと、勝手にそう愚考する。本当に実現すれば困るけれども、「控除」など全てやめてしまって、無条件で一律に収入金額の何割かを税金として納めることとすれば、こと確定申告時の作業については、簡単となるであろう。物事が複雑化しすぎた場合、制度簡素化の検討も、それなりに必要だと思う。

次回の消費税率引き上げのおり、導入が取り沙汰《ざた》されている軽減税率なども、実現のあかつきには、事業者の記帳申告実務が、めっぽうややこしくなりそうだ。

ところで、この本をお手にとられた方の多くが、お好きなのであろう「鉄道」も、〝制度の塊〟ともいわれる存在だけに、当然、ありとあらゆる場面において、諸々の〝ややこしさ〟を引きずっている。

明治の鉄道創業期以来、旅客有利を考えすぎるがあまりに、複雑化してしまったと推察されるJRの旅客営業制度などは、その最たるものであろう。初《しょ》っ端《ぱな》から、ややこしい事例を紹介するのも気が引けるので、ひとまずここは、複雑ながらも単純なほうの、乗車券は買い方によって、値段が変わってくるという話のさわりを少々。

JR線を利用して中長距離を旅行するとき、途中、下車を繰り返しながら進むような段取りであっても、乗車券は下車の都度に買い直すのではなく、最終目的地まで通しで買って、

「途中下車」の制度を利用したほうがお得、とよくいわれる。

その具体例を示そう。東京から新幹線で新大阪へ向かう途中、名古屋で下車をして所用を済ませるといったケースでは、杓子《しゃくし》定規に「東京都区内→名古屋市内 経由：新幹線・名古屋」と「名古屋市内→大阪市内 経由：名古屋・新幹線・新大阪」の二枚の片道乗車券を買えば、お代は都合九六一〇円となる（あくまでも運賃の値であり、特急料金は別）。

これを、〃よくいわれる〃とおりに、通しの片道乗車券「東京都区内→大阪市内 経由：新幹線・新大阪」をもとめ、名古屋で「途中下車」の取扱いとしたならば、運賃は八七五〇円で済む。なるほど、〃お得〃である。

まあ、この程度のことは、JRきっぷの賢い買い方を説く本などに、定番的に出てくるものなので、あらためて述べるまでもないけれど、かかる話を頭に焼き付けすぎて、乗車券は何でもかんでも通しで買えば倹約できると思ったら大きな間違い。ここが、いささか難儀な点といえようか。

例えば、埼玉県の大宮から東北新幹線を使い、栃木県の那須塩原へ行く際に、宇都宮で一旦降り、市中で餃子でも喰らおうと企てたとする。片道乗車券「大宮→那須塩原 経由：大宮・新幹線・那須塩原」のお値段は二二七〇円となる。「はしがき」から野暮な説明を繰り広げ恐縮するも、大宮〜那須塩原間の営業キロは一二七・五キロで、途中下車が可能な条件、片道一〇一キロ以上を十分に満たしている。本書の第五幕でもふれるが、加えて東北新幹線は、途中下車を不可とする「東京近郊区間」には含まれていないため、右のように新幹線経由と指定して、紙の乗車券を買えば、宇都宮での途中下車は可能という次第。

が、それで喜んではいけない。乗車券を〝杓子定規〟に、二枚に分けて買った場合の値段を見てみよう。「大宮→宇都宮 経由：大宮・新幹線・宇都宮」の片道乗車券は一三二〇円、同じく「宇都宮→那須塩原 経由：宇都宮・新幹線・那須塩原」は八四〇円。合わせれば二一六〇円で、今回は〝杓子定規〟に買うほうが、お得みたいである。

かように運賃ひとつをとってみても、「鉄道」というもの、何かとややこしい現象がつきまとう。こんなのは、まだ、ほんの序の口にすぎない。

本書は、かかる「鉄道」の仕組みから、一に「のぞみ」や「はやぶさ」といった〝列車名〟、二に「快速急行」とか「通勤快速」などの〝列車種別〟、三に東京の地下鉄ではお馴染《なじ》みの他社線との列車の〝直通運転〟、四に直通列車に関する〝特急券の発売〟、五に運賃計算に代表されるJRの〝旅客営業制度〟といった、五つのテーマを何の策略もなく適当に選び出したあげくに、各々にまつわるややこしいネタを掘り起こし、それをじっくり眺め味わい、その〝ややこしさ〟を愉《たの》しんでいこうとする、妙な企画なのである。酔狂というか、奇想天外というか、わけがわからないというべきなのか、とにかく、ある意味、変な実験といえよう。

そうほざけば、ややこしいことの何がいったい愉しいのか、と、怪訝《けげん》に思われる方も多いはず。まあ、〝良薬は口に苦し〟ということもあるではないか。ここはひとつ、騙《だま》されたと思って読み進んでいただければ幸いである。

なお、なんとか無事に読み終えられて、ややこしいだけでちっとも愉しくなんかなかったぞ、本当に騙された、このやろう金返せ、と、おっしゃられたとしても、それだけは応じかねるので、あしからずご了承願いたい。

※本書の内容は、特にことわりのない限り、平成二七年四月一日現在のものです。
※本文中の敬称略。
※一部を除き図版原図作成／著者。

目次

第二幕　列車種別はややこしい

第三幕　直通運転はややこしい

第四幕　直通列車の特急券はややこしい

第一幕

列車名はややこしい

一　消えた新幹線の列車名

新幹線の名は二〇種類に！

平成二七年三月一四日、富山・石川県民お待ちかねの北陸新幹線・長野～金沢間が無事開業した。赤飯炊いて祝いたい気分だった方も、さぞや多かったに違いない。まずは、めでたし目出度し、である。

ご承知のとおり、北陸新幹線を走る列車の名は、東京～金沢間の速達タイプが「かがやき」、同区間で停車駅の多いタイプが「はくたか」、富山～金沢間を行ったり来たりするシャトル・タイプが「つるぎ」で、東京～長野間の列車は従前どおりの「あさま」を名乗っている。

それにしても、東京駅ではＪＲ東日本の新幹線ホーム（20～23番線）が賑《にぎ》やかだ。東北・山形・秋田新幹線の「はやぶさ」「はやて」「やまびこ」「なすの」「つばさ」「こまち」、上越新幹線の「とき」「Ｍａｘとき」「たにがわ」「Ｍａｘたにがわ」、北陸新幹線（長野新幹線）の「あさま」に加えて、新風「かがやき」「はくたか」が戦列に馳《は》せ参じたわけなのだから、

「ひかり」と「こだま」は新幹線が世に出て以来の伝統的な列車名

なんだかお品書きが多すぎて、アテ（酒の肴《さかな》）の注文に迷う居酒屋がごとき様相ではないか。

さらには、JR東海の新幹線ホーム（14～19番線）に発着する「のぞみ」に、老舗の「ひかり」「こだま」も加わって、東京駅で見られる新幹線の列車名は、なんと一六種にも及ぶ。

これに、東京とは無縁を決め込む、JR西日本・JR九州線内のみを走る列車「つるぎ」に「みずほ」「さくら」「つばめ」を加えれば、今日の新幹線列車名の総数は、堂々の二〇種類。今から五一年前、昭和三九年一〇月一日の東海道新幹線開業時、列車名は「ひかり」と「こだま」の二種類だけだったことを思えば、恐るべき大繁殖ぶりである。まあ、仲間が多いことに、こしたことはないけれど。

行き先別の改名で

ところで、半世紀にも及ぶ我が国の新幹線の歴史において、消

「あおば」は新幹線の消えた名のひとつ

えていった列車名というのも、いくつか存在することをご存じだろうか。東北新幹線の「Ｍａｘやまびこ」「あおば」「Ｍａｘあおば」「Ｍａｘなすの」「スーパーこまち」、上越新幹線の「あさひ」「Ｍａｘあさひ」といった面々である。

　このうち、「あおば」は東北新幹線開業時より、「あさひ」も上越新幹線開業時より存在した、歴史を背負う名であった。

　昭和五七年六月二三日の東北新幹線・大宮～盛岡間開業時、速達タイプの列車は大宮～盛岡間全線での運転で、名は「やまびこ」、各駅停車タイプの列車は大宮～仙台間の区間運転とされ、「あおば」を名乗った。かたや、昭和五七年一一月一五日開業の上越新幹線・大宮

～新潟間では、速達タイプの列車名が「あさひ」、各駅停車タイプの列車名が「とき」という布陣。東北新幹線も上越新幹線も産声を上げたときは、東海道・山陽新幹線の「ひかり」「こだま」（当時、「のぞみ」はまだ誕生していない）に倣った、緩急別の列車名の与え方だったのである。

かかる由緒正しき名の「あおば」に「あさひ」が消えたのは、いったい何故なのだろうか。東海道・山陽筋でいえば、「ひかり」「こだま」がお役御免となったようなものではないか。

その理由については、まず「あおば」から。当初は東海道・山陽新幹線よろしく緩急による列車名の使い分けだった東北新幹線だが、ＪＲ東日本発足後しばらくして、方針が変わっていく。行き先別に列車名を与えることとなったのである。

最初に、平成七年一二月のダイヤ改正で、「あおば」のうち、東京～那須塩原間運転の区間列車を「なすの」と改め、名を分離した。那須塩原行が「なすの」とは、実にわかりやすい。続いて平成九年一〇月の改正で、残っていた「あおば」を「やまびこ」に統合。結果、東北新幹線列車は、緩急にかかわらず、東京側から見て盛岡・仙台行が「やまびこ」、那須塩原・郡山行が「なすの」に整理されたという次第。これに、山形行の山形新幹線「つばさ」、秋田行の秋田新幹線「こまち」が加わり、東北新幹線はものの見事に、行き先別列車名に統一を果たしたというわけ。

もっとも近頃は、一部の「はやぶさ」「はやて」と「やまびこ」の関係のように、緩急別的な使い分けも、若干は見られるようになったけれども。

乗り間違い防止策

この行き先別列車名の使用法は、上越新幹線においても採用される。東北新幹線の列車名が「やまびこ」「なすの」となり、加えて北陸新幹線（暫定的な愛称は長野新幹線、当初は長野行新幹線と案内）の高崎〜長野間が開業して、東京〜軽井沢・長野間の新幹線列車「あさま」が生まれた平成九年一〇月改正時、上越新幹線でも東京〜新潟間の列車は緩急にかかわらず「あさひ」（由来は後述）、東京〜高崎・越後湯沢間の列車が「たにがわ」という具合に、行き先別に列車名が整理されている。これによって、上越新幹線から「とき」の列車名が消えた。名の由来である日本産朱鷺《とき》の絶滅と、同様の運命をたどったということか。

しかし、である。右の上越新幹線列車名整理から、ある問題が生じるようになった。

「とき」の名は、上越新幹線開業以前に上野と新潟を結んでいた在来線特急の列車名でもあって、新潟県民には馴染み深く、復活を求める声が関係各方面から狼煙《のろし》のごとくにあがった

在来線特急時代の「とき」。新潟県民にはお馴染みの存在だった

のもさることながら、やはり、東京〜高崎間で同一線路上を走る「あさひ」と「あさま」の名の紛らわしさが、問題視されたのだった。実際、間違って乗る人が続出したのである。

確かに、この二つの列車名、表記は一文字違い、それも語尾の一文字違いゆえに見間違って然《しか》りといえるもので、あまっさえ音もよく似ている。ホームの案内放送を聞き間違った人がいたとしても、誰がその人を責められようか。新潟へ行こうと思ったのに、気がついたら長野だった、では浮かばれまい。「みどりの窓口」での指定券の発券ミスや確認ミスだって、起こっただろう。老眼の人などは、特に要注意だったと思う。

そこで、平成一四年一二月の改正において、

「あさひ」を「とき」と改称（「Ｍａｘあさひ」も「Ｍａｘとき」となる）、コトは一件落着とあいなった。

まあ、この消えた「あさひ」の名、上越新幹線開業当初から評判は今ひとつ芳《かんば》しからず、だったという。もともと「あさひ」は、仙台と新潟を仙山《せんざん》線・米坂《よねさか》線経由で結んだローカル急行列車の名であった。だからというわけでもなかろうが、そもそも上越新幹線開業前におこなった列車名公募において、集まった名を得票の多い順に並べると、「とき」「雪国」「いなずま」「こしじ」「えちご」「はやて」「ひびき」「やまびこ」「ふぶき」「さど」となり、「あさひ」はベスト10から大きく外れた一七位という為体《ていたらく》（ちなみに、東北新幹線の列車名公募では、上位から「みちのく」「あおば」「はやて」「いなずま」「やまびこ」「ひびき」「つばさ」「流星」「あさひ」「きたぐに」と続いていた）。

そんな「あさひ」が異例の大抜擢となったのは、〝のぼる太陽の明るくて新鮮なイメージ〟が、〝三八豪雪〟ほか冬場の大雪などで、当時は何かと暗いイメージのあった日本海側地域の印象を打ち砕くのに好都合と思われたからのようだ。すなわち、イメージ先行型の名であったという次第。が、やはり、新潟県人の思い入れが強い「とき」ほどに好感は持たれず、誤乗防止対策として、たいして惜しまれることもなく消えていったというお話である。

なお、急行列車時代の「あさひ」は、米坂線沿線、山形・新潟県境付近の朝日岳が由来という。この山の主峰、大朝日岳が山形県に位置する点も、新潟での人気が今ひとつだった要因なのかもしれない。

二　紛らわしい名は短命

大人気を博したブルトレ元祖

同一線路上を走る二種の列車が紛らわしい名であったことから、一方が改名に追いやられたという話だったが、似たような失敗談は大昔にも存在する。

新幹線が産声をあげる以前のことであるけれど、昭和三一年一一月一九日のダイヤ改正において、当時は型破りな列車と言われた夜行特急「あさかぜ」が、東京〜博多間に颯爽《さっそう》と登場する。いわゆるブルートレインの元祖となる特急列車である。

が、登場当初はその〝ブルートレイン〟の名の由来でもある青色車体の特急用固定編成客車（20系客車）はまだ出来上がっておらず、従来からの雑多なぶどう色の急行用客車を寄せ集めて編成された、いささか冴《さ》えない身なりではあったが、〝型破り〟な斬新ダイヤが受け

「あさかぜ」がブルートレインと化すのは昭和33年のこと

に受けて、連日満員御礼という快調なすべりだしをきっていた。

どう〝型破り〟だったのだろうか。

戦前はともかく戦後、「あさかぜ」が登場するまでの東京〜九州間の直通列車は、みな急行で、東海道本線か山陽本線のいずれか一方が夜行運転とされていた。関西地区からの利用も念頭においたダイヤだったのである。

例えば、東京を午前中に出発する列車の場合、夕刻ごろ大阪に達し、以降、山陽路を深夜ひた走り、北九州には翌朝着、さらに南九州は、その日の午後に到着といった感じであった。一方、東京を夜に発《た》つ列車では、翌朝大阪着、山陽路を日中走って夜、北九州に着き、三日目の朝、南九州到着といった具合だ。今から見れば、ずいぶんと気の長い道中である。

で、「あさかぜ」だが、これは東京を夜に出て、山陽西部・北九州地方には翌日の午前中に到着、結果、大阪は深夜二時ごろの着発という、過去に例のない画期的なダイヤとなっていた（上り列車も同様）。もちろん、あまりにも画期的すぎて、国鉄大阪鉄道管理局はもとより国鉄本社内の一部からも、計画段階で反対の声があがった。関西地区を無視して、果たして客が付くのか、というのが反対派の言い分だった。しかし、このころメキメキと力をつけてきた航空機に対抗するには、目的地に〝あさかぜ〟のごとく朝、とは言わないまでも、せめて昼までには到着しなければ、話にならない。

そう考えた革新派の読みは、まさに正しかった。運転を開始してみると「あさかぜ」は爆発的な人気を呼んで、たちまち指定券のとりづらい列車の代表格へと躍り出たのである。

乗り間違い多発から改称か⁉

なれば、これをサポートする列車の設定が早急の課題として浮上する。翌昭和三二年の夏、七月二〇日には姉妹列車の臨時夜行特急「さちかぜ」が、東京～博多間にお目見えした。この「さちかぜ」、ひとまずは八月三〇日までの運転とされたが、果たしてこちらも大好評で、同年一〇月一日には運転区間を東京～長崎間に拡大し、晴れて定期列車に昇格、再スタートを切るのであった。

東海道・山陽筋では短命だった「さちかぜ」に対し、兄貴分の「あさかぜ」は平成の御代まで東京～博多間に君臨した

かつて上野～仙台間を走った「ひばり」は、“特急は鳥の名”という暗黙のルールに則り、雲雀を名の由来とした

東京～長崎・佐世保間のブルートレイン「さくら」は、「さちかぜ」の末裔ともいえる存在だった

そう、お察しのとおり、「あさかぜ」と「さちかぜ」を間違って乗る人が出てしまったのである。

東京〜博多間では、下りは「あさかぜ」の三〇分後に「さちかぜ」が走り、上りも「あさかぜ」の三〇分前に「さちかぜ」が走るといったダイヤだったので、やはり実に紛らわしく、乗り間違える人がいたとしても、これも責められまい。

結局は「さちかぜ」、定期列車となって一年後の昭和三三年一〇月一日に、名を「平和」と改める。「あさかぜ」と「平和」のコンビならば、乗り間違えもなかろう。けれども、何故かこれも定着せず、翌昭和三四年七月二〇日の特急型固定編成客車投入（ブルートレイン化）を機に、「さくら」と再度改称した（兄貴分の老舗「あさかぜ」のブルートレイン化は、一足早く、昭和三三年一〇月一日のことだった）。

ＪＲの前身、当時の国鉄では、特急の列車名は風格・品格を第一義とし、国を象徴する山・花の名、スピードがイメージできる鳥の名、あるいは自然現象名（地域限定ではないもの）などの抽象的なものに限るという不文律があった。なるほど、確かに「さちかぜ」も「平和」も〝抽象的〟といえば、そうである。「さちかぜ」はおそらく漢字で書けば〝幸風〟であろう。が、どうも両者ともに、右の指針（？・）からは少し外れているような気がする。

「平和」にいたっては、端的すぎる嫌いもある。そのあたりが、列車名として定着しなかった敗因なのかもしれない。

三　交錯する似た名前

似た名前が入り乱れた北近畿

以上、二つの失敗例からもわかるとおり、同一線路上を走る列車の名は、似通ったものは極力避けたほうが無難である。ただ、そう注意したとしても、著名な観光地などを擁する地域の線路（線区）では、各方面からの列車が集まってきたりするので、結果的に似通った名の列車が混じり合って運転されるケースが生じやすかった。

舞鶴（西舞鶴・東舞鶴）、福知山、宮津、天橋立《あまのはしだて》、豊岡、城崎《きのさき》温泉といった北近畿地方の諸都市・観光地へ向かう列車といえば、京都からは山陰本線経由の特急「きのさき」「まいづる」「はしだて」があり、新大阪からは福知山線経由の特急「こうのとり」が存する（それぞれ列車群を形成。なお、「こうのとり」は舞鶴方面への設定がなく、宮津、天橋立方面も臨時列車のみの運転）。

だが、その昔、昭和五〇年ごろはといえば、主力は特急列車ではなく急行列車が担っていた。京都からは急行「丹後」が（「丹後1号」「丹後2号」……という具合に複数の設定があり、やはり列車群を形成していた）、大阪からは急行「丹波」が（同様に「丹波1号」「丹波2号」……というふうに列車群を形成）、それぞれ北近畿地方へと向かっていたのである。

〝それぞれ〟大都市側の発着駅も、そこへ至る経路もまったく違うけれども、〝そこ〟すなわち北近畿地方へ入ってしまえば、この「丹後」群に「丹波」群、山陰本線の綾部～福知山～豊岡～城崎（現・城崎温泉）間や舞鶴線、宮津線内では双方入り乱れて、ややこしく交錯し、けっこう紛らわしくなっていた。

よそ者泣かせの「丹後」と「丹波」

「丹後」と「丹波」は字面がほんとうによく似ていて、ただでさえ紛らわしいところに、山陰本線の綾部～福知山間では、福知山・城崎方面行の「丹後」と大阪行の「丹波」が下り線を走り、京都行の「丹後」と宮津・天橋立行の「丹波」が上り線を走るといった、方向音痴になりそうな現象までも起きていた（図1）。このころは、号数の振り方が下り列車は奇数番、上り列車は偶数番ではなく、上りも下りも発車順に1号、2号、3号……と続いたので、

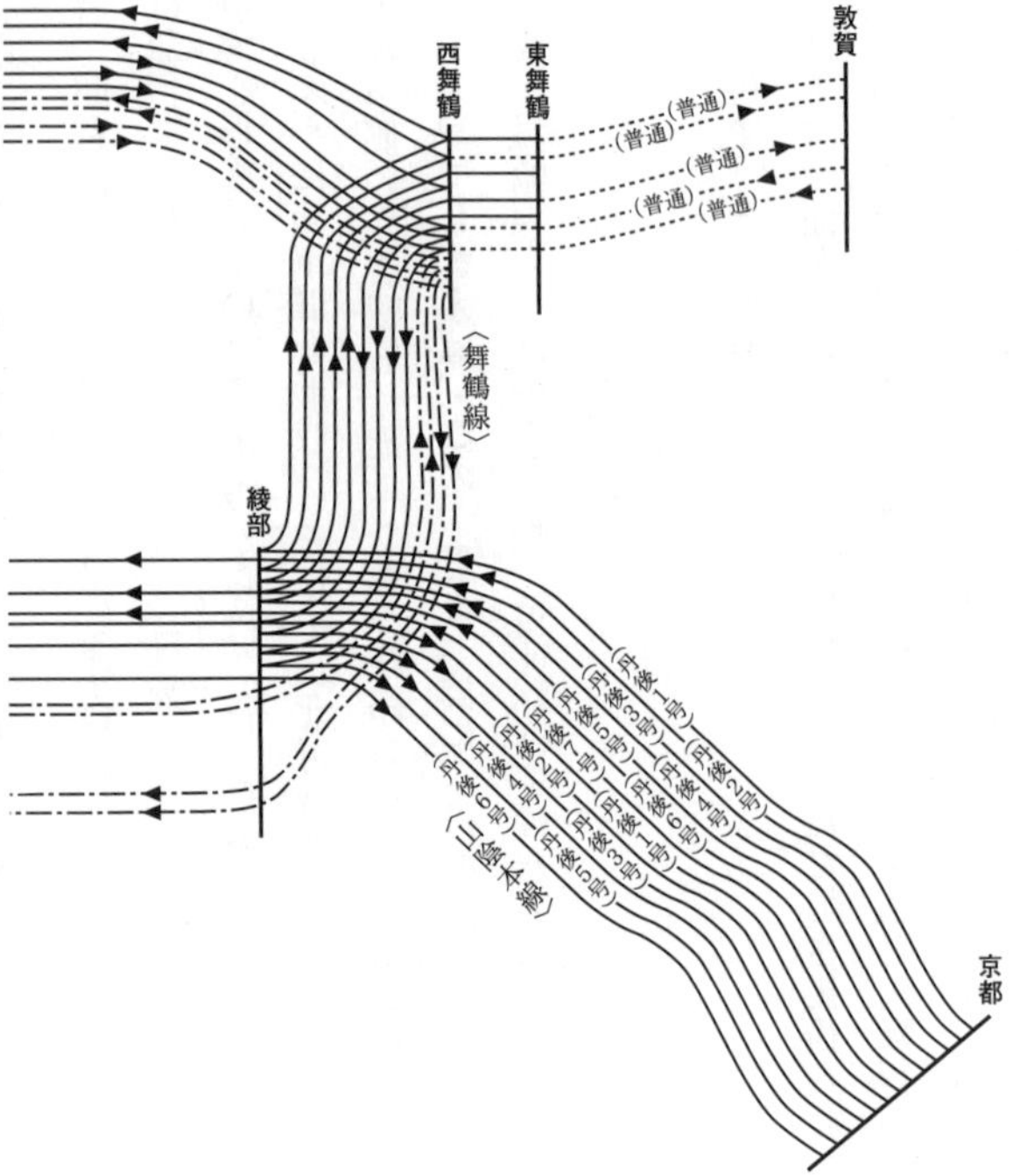

敦賀
西舞鶴
東舞鶴
(普通)
(普通)
(普通)
(普通)
(普通)
〈舞鶴線〉
綾部
(丹後1号)
(丹後3号)
(丹後5号)
(丹後7号)
(丹後2号)
(丹後4号)
(丹後6号)
(丹後2号)
(丹後4号)
(丹後6号)
(丹後1号)
(丹後3号)
(丹後5号)
〈山陰本線〉
京都

図1　昭和50年3月改正当時の急行「丹後」「丹波」運転概要

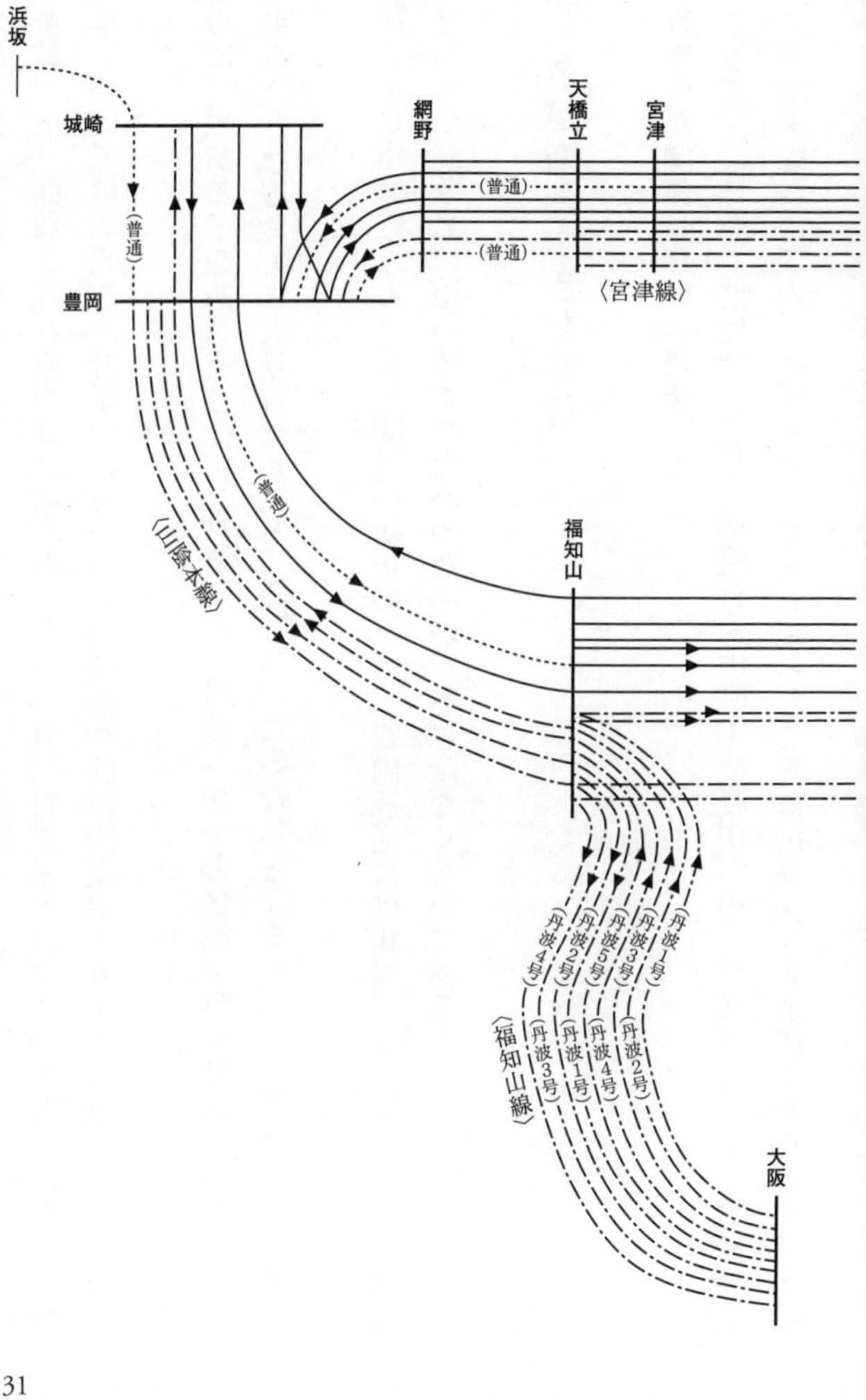

当地では余計、方向の感覚が混乱しやすかったのである（在来線の特急・急行列車の号数が下り奇数、上り偶数とされるのは、昭和五三年一〇月二日ダイヤ改正でのこと。なお、新幹線列車については、昭和三九年一〇月一日の東海道新幹線開業時より下り奇数、上り偶数であった）。

さらに、である。臨時列車では、「丹後」と「丹波」が一部区間で併結運転（連結して一緒に走る）となるケースも見られたから（図2）、こうなるとよそ者は、もうぐうの音も出ない。

駅員さんに車掌さんも、乗り間違い防止のため、案内放送には相当、気を遣ったことだろう。どちらかが改名に追い込まれなかったのが、不思議なくらいである。

四　名が増えすぎた時代

名と行き先が関係しない「丹後」も

ところで、「丹後」群には、京都発城崎行（山陰本線経由）の「丹後2号」や、城崎発京都行（山陰本線経由）の「丹後6号」など、走るところは山城国〜丹波国〜但馬国《たじまのくに》で、名の

図２　急行「丹後」と急行「丹波」の競演が見られる往年の時刻表の当該頁

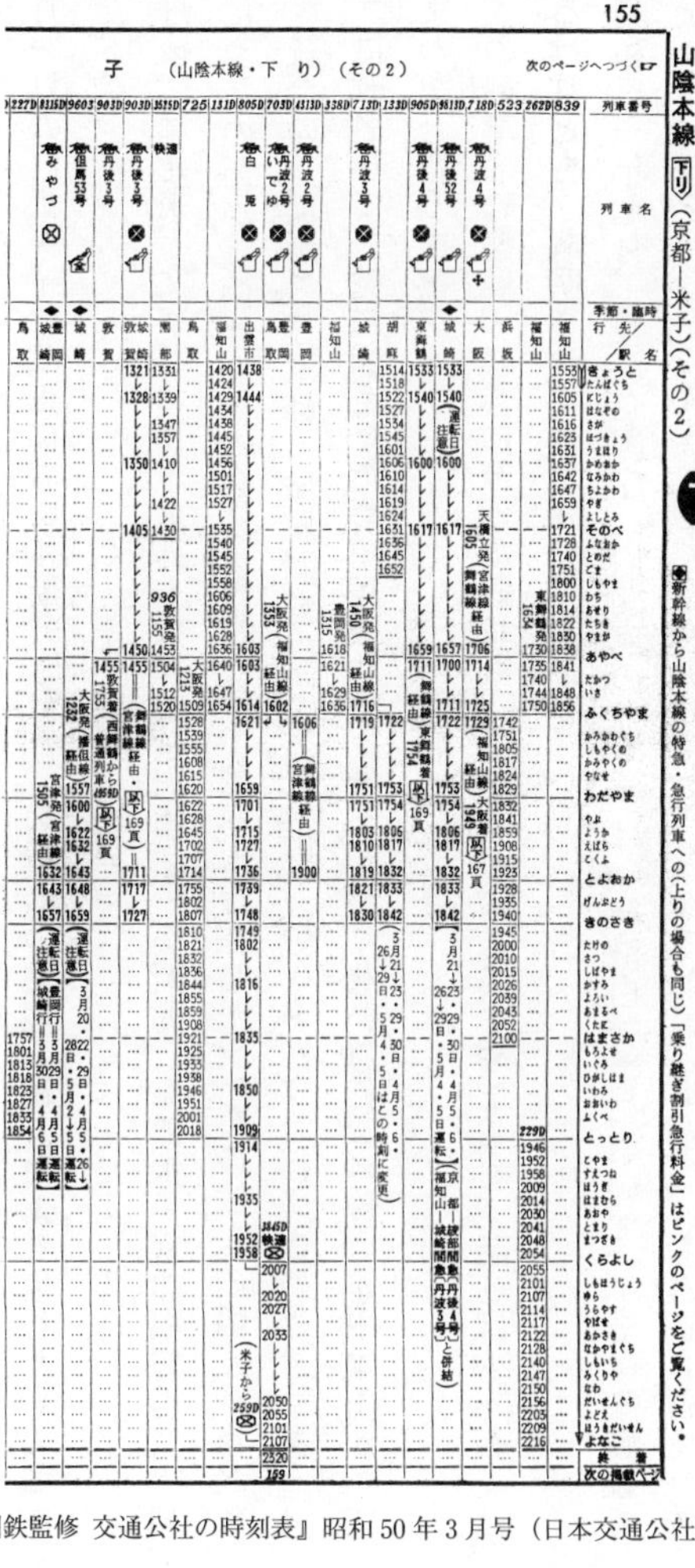

出典：『国鉄監修 交通公社の時刻表』昭和50年3月号（日本交通公社）

由来である丹後国・丹後半島には、まったく無縁という、妙な列車が存在した。

かかる名が体を表していない列車は、俗に〝ヨン・サン・トオ〟と呼ばれる昭和四三年一〇月一日の白紙ダイヤ改正において断行された、列車名の整理・統合により生じたものであった。

「丹後」は元来、文字どおり、京都～東舞鶴・天橋立・豊岡間（舞鶴線・宮津線経由）の列車だったのだが（例外的に京都～福知山間の列車も存在した）、右の改正の際、列車名整理・統合の一環から、京都～城崎間を山陰本線経由で結んでいた急行「きのさき」を「丹後」に改名して一党に加えたため、丹後地方にはかかわりない急行「丹後」が出来上がってしまったという次第。

この列車名の整理・統合に至った経緯も、なかなかにしてややこしく、話せば少々長くはなるけれども、説明させていただく。

昭和三一年七月、経済企画庁（内閣府の前身）は『経済白書』において、「もはや戦後ではない」と声を高らかに宣言した。そのかけ声につられてか、以降の、日本の経済成長のスピードは凄《すさ》まじかった。それは、明治期の近代化のスピードをはるかに凌《しの》ぐもので、まさに〝飛ぶ鳥を落とす勢い〟であった。

表１　昭和36年10月１日改正時点での東京から全国へ延びる主要幹線の優等列車概要

●東海道・山陽本線				
【特急】	「はやぶさ」★	東京－西鹿児島	※「第２ひびき」	東京－大阪
		(鹿児島本線経由)	「第１つばめ」	東京－大阪
	※「みずほ」★	東京－熊本	「第２つばめ」	東京－大阪
	「さくら」★	東京－長崎	「はと」	東京－大阪
	「あさかぜ」★	東京－博多	「おおとり」	東京－名古屋
	「第１富士」	東京－宇野〈神戸〉	「かもめ」	東京－長崎・宮崎
	「第２富士」	東京－神戸〈宇野〉	「みどり」	大阪－博多
	「第１こだま」	東京－大阪	「へいわ」	大阪－広島
	「第２こだま」	東京－大阪	「うずしお」	大阪－宇野
	※「第１ひびき」	東京－大阪		
【急行】	「霧島」★	東京－鹿児島	「月光」★	東京－大阪
		(鹿児島本線経由)	「金星」★	東京－大阪
	※「桜島」★	東京－西鹿児島		(上りは「出雲」に併結)
		(鹿児島本線経由)	「能登」★	東京－金沢
	「高千穂」★	東京－西鹿児島	「大和」★	東京－湊町
		(日豊本線経由)	「伊勢・那智」★	東京－鳥羽・新宮
	「雲仙・西海」★	東京－長崎・佐世保	「さつま(★)・	
	「筑紫・ぶんご」★	東京－博多・大分	だいせん」	名古屋・京都－鹿児島
	「安芸」★	東京－広島(呉線経由)		(鹿児島本線経由)・
	「出雲」★	東京－浜田		大社(伯備線経由)
	「瀬戸」★	東京－宇野	「阿蘇」★	名古屋－熊本
	※「はりま」★	東京－姫路	「ちくま」	
	「銀河」★	東京－神戸	(長野行★)	長野－大阪
	「六甲」	東京－大阪	「天草」★	京都－熊本
	※「第２六甲」★	東京－大阪		(筑豊本線経由)
	「やましろ」	東京－大阪	「日向」★	京都－都城
	「いこま」	東京－大阪	「玄海」★	京都－長崎
	※「第2いこま」★	東京－大阪	「ひのくに」★	大阪－熊本
	「第1なにわ」	東京－大阪	※「第２日向」★	大阪－南延岡
	「第2なにわ」★	東京－大阪	※「第２玄海」★	大阪－長崎
	「第1せっつ」	東京－大阪	「平戸」★	大阪－佐世保
	「第2せっつ」★	東京－大阪	※「はやとも」★	大阪－博多
	「第１よど」	東京－大阪	「宮島」	大阪－広島(呉線経由)
	「第２よど」★	東京－大阪	「音戸」★	大阪－広島(呉線経由)
	「明星」★	東京－大阪	「山陽」	岡山－博多
	「彗星」★	東京－大阪	「べっぷ」	広島－別府
【準急】	「東海１号」	東京－名古屋〈大垣〉	「長良」	東京－大垣
	「東海２号」	東京－大垣〈名古屋〉	「はまな１号」	東京－浜松
	「東海３号」	東京－名古屋〈大垣〉	「はまな２号」	東京－浜松
	「東海４号」	東京－名古屋	※「おくいず」	東京－伊東
	「東海５号」	東京－大垣〈名古屋〉	「伊豆」	東京－修善寺・伊東
	「東海６号」	東京－名古屋〈大垣〉		(修善寺発は※)
	「東海７号」★	東京－大垣〈名古屋〉	※「第２伊豆」	伊東→東京(上りのみ)

【準急】	「第1いでゆ」	東京-伊東・修善寺（修善寺行は※）	「比叡3号」	名古屋-大阪
			「比叡4号」	名古屋-大阪
	「第2いでゆ」	東京-修善寺・伊東〈伊東〉	「比叡5号」	名古屋-大阪
			「比叡6号」	名古屋-大阪
	「第3いでゆ」	修善寺・伊東→東京（上りのみ）	「比叡7号」	名古屋-大阪
			「比叡8号」	名古屋-大阪
	※「あまぎ」	東京→修善寺・伊東（下りのみ）	「ななうら」	京都-広島(呉線経由)
			「びんご」	大阪-三原
	※「いこい」	東京-修善寺・伊東（下り熱海→伊東間普通）	「鷲羽1号」	大阪-宇野
			「鷲羽2号」	大阪-宇野
	※「はつしま」	東京→熱海(下りのみ)	「鷲羽3号」	京都〈大阪〉-宇野
	※「湘南日光」	日光-伊東	「鷲羽4号」	大阪-宇野
	「するが」	沼津-名古屋	「にしき」	岡山-岩国
	「第1伊吹」	名古屋-大阪〈神戸〉	「吉備」	岡山-広島(呉線経由)
	「第2伊吹」	名古屋-神戸〈大阪〉	「長門」	広島-小倉
	「比叡1号」	名古屋-大阪	「周防」	広島-小郡
	「比叡2号」	名古屋-大阪		

●東北本線

【特急】	※「ひばり」	上野-仙台	「つばさ」	上野-秋田
【急行】	「八甲田」★	上野-青森	「吾妻・ばんだい」	上野-仙台・会津若松
	※「ひめかみ」	上野-盛岡	「松島・蔵王」	上野-仙台・山形
	「みやぎの・鳥海」	上野-仙台・秋田	「津軽」★	上野-青森（奥羽本線経由）
	「青葉」	上野-仙台（一部車両上野-盛岡・青森、仙台以北「みちのく」に連結）	「男鹿」★	上野-秋田
			「出羽」★	上野-新庄
【準急】	「しのぶ1号・ひばら1号」	上野-福島・喜多方〈会津若松〉	「いわき1号」	水戸-仙台(磐越東線経由、下りは「あいづ」、上りは「あがの1号」に併結)
	「しのぶ2号・ひばら2号」	上野-福島・会津若松〈喜多方〉	「いわき2号」	水戸-仙台(磐越東線経由、下りは「あがの2号」、上りは「あいづ」に併結)
	「あぶくま・ひばら3号」★	上野-仙台・会津若松		
	※「なすの」	上野-黒磯	「あがの1号」	新潟-仙台(磐越西線経由)
	※「しもつけ」	上野-黒磯		
	※「中禅寺」	新宿-日光	「あがの2号」	新潟-仙台(磐越西線経由)
	※「だいや」	上野-日光		
	「日光」	東京-日光	「くりこま・むろね」	仙台-盛岡・盛
	※「湘南日光」	伊東-日光	「しもきた」	盛岡-大鰐
	「ふたあら」	上野-宇都宮		
	「やまびこ」	郡山-青森		
	「あいづ」	喜多方-仙台		

●常磐線				
【特急】	「はつかり」	上野－青森		
【急行】	「みちのく」	上野－青森	「北斗」★	上野－青森
	「北上」★	上野－青森	「いわて」★	上野－青森
	「十和田」★	上野－青森	「おいらせ」★	上野－青森
	※「第２十和田」★	上野－青森	「陸中」	上野－盛岡
【準急】	「ときわ１号」	上野－平	「そうま」	水戸－仙台
	「ときわ２号」	上野－平	「いわき１号」	水戸－仙台（磐越東線経由、下りは「そうま」、上りは「ときわ４号」に併結）
	「ときわ３号」	上野－平		
	「ときわ４号」	上野－平		
	「ときわ５号」	上野－平		
	「ときわ６号」	上野－平	「いわき２号」	水戸－仙台（磐越東線経由、下りは「ときわ４号」に併結）
	「ときわ７号」	上野－平		
	「奥久慈」	上野－磐城石川（下りは「ときわ５号」、上りは「ときわ２号」に併結）		
●高崎線（上越線・信越本線方面）				
【特急】	「白鳥」	上野－大阪（長野・直江津経由、直江津－大阪間は青森発着の編成を併結）		
【急行】	「羽黒」★	上野－秋田	「黒部」★	上野－金沢（長野経由）
	「佐渡」	上野－新潟	「志賀」	上野－長野
	「越路」	上野－新潟	「丸池」	上野－長野
	「北陸」★	上野－金沢（長岡経由）	「とがくし」	上野－長野
	「白山」	上野－金沢（長野経由）		
【準急】	「越後」★	上野－新潟	「あかぎ」	上野－前橋
	「ゆきぐに１号」	上野－長岡	「妙高１号」	上野－直江津（長野経由）
	「ゆきぐに２号」	東京〈上野〉－長岡		
	※「苗場」	上野－越後湯沢	「妙高２号」★	上野－直江津（長野経由、長野－直江津間普通）
	「ゆのさと」	上野－水上		
	※「上越いでゆ」	東京－水上		
	※「みくに」	上野→水上（下りのみ）	※「高原」	上野－長野
	「くさつ」	上野－長野原（下りは「ゆのさと」、上りは「ゆきぐに２号」に併結）		
	※「くさついでゆ」	東京〈上野〉－長野原（上りは「上越いでゆ」、下りは「ゆきぐに１号」に併結）		

●総武本線(千葉方面各線)

種別	列車名	区間	列車名	区間
【準急】	「総武1号」	新宿〈両国〉−銚子(総武本線経由)・佐原	「房総1号」	新宿〈両国〉−安房鴨川(房総西線経由)・安房鴨川(房総東線経由)
	「総武2号」	両国〈新宿〉−銚子(総武本線経由)・佐原	「房総2号」	両国〈新宿〉−安房鴨川(房総西線経由)・安房鴨川(房総東線経由)
	「京葉1号」	両国−銚子(総武本線経由)・館山(房総西線経由)・安房鴨川(房総東線経由)		
	「京葉2号」	両国−銚子(総武本線経由)・館山(房総西線経由)・安房鴨川(房総東線経由)		

●中央本線

種別	列車名	区間	列車名	区間
【急行】	「第1アルプス」	新宿−松本	「しなの」	長野−名古屋
	「第2アルプス」	新宿−松本	「信州」	長野−名古屋
	「第1上高地」	新宿−松本	「あずみ」★	長野−名古屋
	「第2上高地」	新宿−松本	「ちくま」(長野行★)	長野−大阪
	「第1白馬」(下り★)	新宿−松本		
	「第2白馬」★	新宿−信濃森上(松本−信濃森上間準急)		
	「天竜」	新宿−天竜峡(下りは「第2上高地」、上りは「第1アルプス」に併結、辰野−天竜峡間準急)		
【準急】	「穂高1号」	新宿−松本	「かいじ」	新宿−甲府
	「穂高2号」★	新宿−長野	「きそ1号」	長野−名古屋
		(松本・長野間普通)	「きそ2号」★	長野−名古屋
	※「白樺1号」	新宿−松本	※「きそ3号」★	長野−名古屋
	※「白樺2号」★	新宿−松本		

・臨時列車は省略
・※印は不定期列車・週末列車あるいは運転期間が限定された列車
・★印は夜行列車あるいは一部区間が夜行運転となる列車
・上下で対をなす列車が上りと下りで運転区間が異なる場合、〈　〉で上り列車の始発・終着駅を示した
・他線区絡みの列車は、乗り入れ距離が長いものを除き省略

第二次世界大戦の敗戦国が、世界第二位の経済大国にのし上がる過程については、概説するのも野暮だから省略するが、昭和三五年に池田内閣が打ち出した国民所得倍増計画ひとつをとってみても、わずか一〇年たらずで成し遂げてしまうほどのものだった。まさしく高度経済成長である。

事程左様なる成長ぶりであれば、当然、人・物の動きは活発化する。結果、当時の陸上交通輸送の主役であった国鉄は、列車の増発に次ぐ増発に追われていった。ダイヤ改正のたびに、特急・急行・準急列車は、その本数を増やしていったのである（準急列車は〝ヨン・サン・トオ〟の大改正時、急行に格上げされるかたちで消滅する）。

されば、どのようなことが起こるだろうか。表1は、国鉄史上空前の優等列車大増発が実現した昭和三六年一〇月一日、白紙ダイヤ改正時の、東京から全国へ延びる主要幹線の特急・急行・準急列車の概要である。

ご覧のとおり、各線区ともに列車名が氾濫《はんらん》している。わけても、列車の本数が多い東海道・山陽筋はお見事で、その数、なんと七三種にも及ぶ。東海道本線と山陽本線を合わせて一〇〇〇キロを超える長大幹線であって、途中で枝分かれする支線へと入っていく列車も多いことから、致し方ない点もあるけれど、それにしても豪華絢爛《けんらん》ではないか。

新幹線開業以前の東海道本線には、数多くの特急・急行列車が運転されていた。
上は特急「こだま」、下は急行「なにわ」（写真提供：鉄道博物館）

東京～大阪間の昼行特急だけでも、「こだま」「ひびき」「つばめ」「はと」の四種がある。みな、運転区間がいっしょの同一系統の特急なのだから、今ならば「こだま1号」「こだま2号」「こだま3号」……などとして、名を統一していたであろう。なお、老婆心ながら申し添えれば、当時はまだ、東海道新幹線は開業していない。

同区間を走る昼行急行のほうは、さらにゴージャスで、「六甲」「やましろ」「いこま」「なにわ」「せっつ」「よど」と、六種も用意。どれも、関西ゆかりの山名、川名、国名、地域名なので、ある意味、統一はなされているといった見方もできようが。

独自の名前を与えたのが原因

東京～大阪間を走る夜行急行にいたっては、昼にも使われている「六甲」「いこま」「なにわ」「せっつ」「よど」に加えて、夜専門の「明星」「彗星」「月光」「金星」および「銀河」（東京～神戸間）という天体グループまで加わり、枯れ木も山の賑わいと化している。東海道の天体グループには、この後、「すばる」も加わるから、満天の星とまではいかないものの、かなりの星空である。

東海道新幹線開業前の東京～大阪間では、平社員の出張は夜行急行利用が、ごくごく一般的だった。

東北筋に眼を転じても、似たような現象に遭遇する。常磐線経由で上野と青森を結ぶ夜行急行の名をあげれば、「北上」「十和田」「北斗」「いわて」「おいらせ」といった具合。

右の例からもおわかりのとおり、列車名を多彩にしている最大の原因は、同一区間を走る特急列車群、急行列車群において、列車個々にそれぞれ独自の名を与えてしまっていることである。

情緒があって、なかなかではないか、という意見もあろうが、実用面を考えれば多少の整理は必要だ。

五　不統一な番号付きの名

指定券の発売体制が影響

列車名使用法の不徹底、不統一ぶりも、眼につく。

各線区とも、特急・急行列車は個々に名が与えられる傾向なのに対し、準急列車は同一区間を走る列車群で名を統一し、番号（号数）でおのおのを区別しているのが目立つ。東京〜

名古屋・大垣間の「東海」一党や名古屋〜大阪間の「比叡」一党、京都・大阪〜宇野間の四国連絡「鷲羽《わしゅう》」一党が、その典型例だ。が、これも徹底とまではいっていない。

例えば、今の特急「スーパービュー踊り子」「踊り子」のご先祖様ともいえる東京と伊豆を結ぶ準急列車群などは、特急・急行並みに列車名が多彩である。「伊豆」「第2伊豆」「おくいず」「第1いでゆ」「第2いでゆ」「第3いでゆ」「あまぎ」「いこい」「はつしま」という賑々しい品揃えだ。同じ東海道本線を走る準急の「東海」一党が、「東海1号」〜「東海7号」などと事務的な扱いを受けているのとは、まるで対照的ではないか。

摩訶《まか》不思議、個別に名を与える傾向の特急・急行列車の一部に「第1〇〇」「第2〇〇」があるかと思えば、列車群で名を統一する傾向の準急列車のなかにも、個別名が与えられる一群があったりと、実に不可解極まりない。

そもそも、番号付きの列車名に、「第1〇〇」派と「〇〇1号」派が混在しているのも妙である。この使い分けは、いかようなこととなっていたのだろうか。

国鉄本社の方針は、全車指定席または一部指定席の列車を「第1〇〇」「第2〇〇」……、自由席列車を「〇〇1号」「〇〇2号」……とするつもりだったらしい。

なるほど、当時は全車指定席が原則の特急列車や、一等車（大まかにいえば、現在のグリーン車に相当する車両）の一部座席、並びに寝台車が指定制となる急行列車には「〇〇1号」……が存在しないわけである。件《くだん》の伊豆方面に向かう準急列車群も、「いこい」以外はすべて全車指定席であった。

だとしたら、特急・急行列車や一部の準急列車で、個々に独自の列車名が与えられたのは、座席指定券（指定席券）・寝台券（これらを総じて指定券と呼ぶ）の発売体制が、大きく関係していたと推察される。

この頃の指定券の発券方法は、現在と様相がだいぶ違う。座席予約システム「マルス（MARS）1」（日本初のオンライン・リアルタイム・システム）が昭和三五年一月に稼働したとはいっても、それは一日当たりの座席収容能力（システムが管理する座席数）がわずかに四〇〇〇席という初歩的なもの。収容対象列車も当初は、東海道本線の下り特急「第1こだま」「第2こだま」の二本のみ。稼働開始から半年後の六月には、下り「第1つばめ」「第2つばめ」も収容されたが、これでも東京から関西に向かう下り特急四本だけの取り扱いという、限定的なものでしかなかった。端末機の設置場所も、東京駅など首都圏の一部の駅に限られた。端末数は合計でたったの十数台、指定券を端末から直接発券することなど叶《かな》わず、台帳代わりの使用にとどまっていたのである。

すなわち、全国を走る大多数の列車の指定券は、台帳管理による手作業で発券が行われていたということだ。

北海道と九州は例外?

随所に分散設置された「乗車券センター」という機関では、列車・乗車日ごとの割当台帳がずらりと並んだ回転棚付き円卓に、係員数人が坐《すわ》って待機。各駅の出札口は、旅客からの注文を受けると、この乗車券センターに電話照会するという手筈《てはず》であった(乗車客の多い駅や列車の始発駅では、関係する列車の一部座席枠が割り当てられていたが、自駅持ち分が完売すれば、乗車券センターに照会した)。

かかる原始的な体制が、座席指定制列車増発の妨げとなっていたことは明白である。もうひとついえば、特急・急行の名を同一系統の列車でまとめて統一し、番号(号数)で区別するという方策も、これがやりづらくしていた。もしも、そうすれば、人による台帳管理の手作業だから、見間違い、聞き間違いなどからくる誤発券が多発するだろう。

「○○1号」「○○2号」「○○3号」よりも「○○」「△△」「××」のほうが、駅員も旅客も、列車個々を識別しやすい。やむを得ず番号付き列車名を導入した座席指定制列車が、

準急「東海」一党は番号付き列車群の草分けであった（写真提供：鉄道博物館）

「第1〇〇」「第2〇〇」となっているのも、数字が前にきたほうが、心理的に間違いにくいからだと思う。「第1〇〇」が午前または昼行、「第2〇〇」が午後または夜行、という双方で運転時間帯がまるで異なるパターンの列車が多いのも、間違い回避のための、ひとつの策なのかもしれない。

ただ、この「第1〇〇」と「〇〇1号」の使い分けも、昭和三六年一〇月号の時刻表で全国を見渡せば、徹底とまでは、とてもとてもといった感じがする。

「第1かむい」……、「第1ちとせ」……、「第1夕張」……、「第1ながさき」……、「第1弓張」……、「第1かいもん」……などなど、全車自由席の準急列車で「第1〇〇」派がけっこう出てくるのである。北海道と九州がとくに多い。東京から遠い地だけに、本社の方針も、それほど神通力を持たなかったのかもしれない。

ちなみに、番号付き列車名の草分けは、昭和三二年一〇月一日に誕生した東京～名古屋・大垣間の準急「東海1号」「東海2号」「東海3号」だといわれている（元となる準急「東海」は、昭和三〇年七月二〇日に運転を開始）。特急列車については、昭和三三年一一月一日にデビューした、東京～大阪・神戸間の「第1こだま」「第2こだま」が最初の事例であった。

六　列車名、動乱の時代

特急に地域限定の名が

列車名の乱れはさらに進み、そもそも名前の選定それ自体が、従来の基準から逸脱しはじめるようになってきた。

昭和三六年一〇月改正で、国鉄の優等列車は特急二六往復、急行一一三往復、準急二二四往復を数え、奥羽本線の秋田～青森間を走る準急２０４７・２０４８列車（荷物列車に客車

「うずしお」の名は現在、JR 四国は高徳線の特急名として定着

「みずほ」の名は長らく、東京〜熊本・長崎間のブルートレインに使われていた

を連結し、旅客列車として営業した珍品）を除いたその全てに、列車名が与えられていた。これだけの本数があって（今からみれば、どうという数でもないかもしれないが）、特急・急行を中心に、それぞれ個別の名を付けていれば、それはネタも尽きてこよう。

特急の名に関するおおよその基準は、既にご案内のとおり（27頁参照）。で、昭和三六年一〇月の改正では、「みどり」「うずしお」「みずほ」といった特急が現れ、その基準も崩れだす。

大阪～宇野間に新設の四国連絡特急「うずしお」の名は、鳴門海峡の渦潮が由来だとすれば（他に考えられないが）、これは地域限定的な自然現象名であって、明らかに掟《おきて》破りといえる。

特急列車には、観光宣伝のような地域名・景勝名は付けないという決まりがあり、地域限定の自然現象名もそれに通じることから、従前は避けられてきた。列車名公募の際に起こりうる、観光地売り込みを目的とした地域ぐるみの大量サクラ投票の問題が一因だが、「うずしお」をＯＫとすれば、〝サクラ投票〟を企《たくら》む一派も増えそうで、以降、注意が必要である。

新宿・両国〜銚子間を走った急行「犬吠」は、銚子の犬吠埼が名の由来。このように急行の列車名は、運転区間に関連する観光地名を拝借するものが多かった

由来不明も出現

急行・準急列車の名も乱れだしてきた。急行は、その列車の運転区間に関連する旧国名、観光地名、街道名、山・川・海・湖の名などとし、夜行列車は天体も使用、準急は急行よりもさらにローカル色の濃いものとするのが大筋であった。

ところが、昭和三六年の改正あたりから、怪しい名が目立つようになる。例をあげれば、急行では、「すずらん」(函館〜札幌)、「はまなす」(札幌〜網走)、「四国」(高松〜宇和島)、「くろしお」(高松〜須崎)など、準急は、「こがね」(名古屋→米原→富山→岐阜→名古屋)、「しろがね」(名古屋→岐阜→富山→米原→名古屋)、「うしお」(名古屋→紀伊勝浦）、「ひまわり」（大分→博多→熊本→別府、別府→熊本、熊本→博多→大分）、「あさぎり」（門司港～日田～天ケ瀬・由布院）などである。

〝基準〟といった堅苦しいことを抜きにすれば、どれもなかなかの列車名であるけれど、特急なのか、急行なのか、それとも準急なのかが、名を見ただけではわかりづらい。「ひまわり」にいたっては、お国すらもよくわからない。九州の北半分をグルリと一周する列車だから、まさしく向日葵なのだが、九州だけに生息する花ではないので、ローカル色という点では難があろう。植物名は優美な印象を与えるものの、地域を端的に表しづらいといった問題をはらんでいる。

列車の運転区間に関連する山や川、海などが無限大に存在するわけでもないから、列車本数が増えれば、いろいろ苦し紛れな名も出てくるようである。

七　簡素が売りの新幹線の名

東海道新幹線はシンプル志向

氾濫、不統一を極めた昭和三〇年代後半の国鉄の列車名に、簡素化の方向性を示したのが、何を隠そう東海道新幹線であった。ご承知のとおり、昭和三九年一〇月一日の開業時、新幹線の列車名は、超特急が「ひかり」、特急が「こだま」の二種類しかなかった（「超特急」の列車種別は、昭和四七年の山陽新幹線・新大阪〜岡山間開業時に消滅する）。

もちろん、列車が二往復しか走っていなかった、というわけではない。東京〜新大阪間には「ひかり」が一四往復、「こだま」が一二往復も設定されていた。加えて「こだま」には、東京〜名古屋間、東京〜静岡間、静岡〜新大阪間、名古屋〜新大阪間にそれぞれ一往復ずつ、区間列車も存在した。

で、あるならば、列車個々の識別は、当然ながらに番号で行うこととなるが、新幹線では「第1〇〇」方式ではなく、「〇〇1号」方式が用いられた。開業時の新幹線列車は、全車指定席だったので、これによって従来の本社方針は、崩れだしたことになる。そして、号数の付け方も、従前とは幾分異なって、「ひかり」は一桁か二桁、「こだま」は三桁の数字とされ、下りは奇数、上りは偶数とした。まあ、要は、「ひかり」「こだま」の文字の後に列車番号を付けたにすぎないが（例えば3A列車が「ひかり3号」、105A列車が「こだま105号」という具合。なお、列車番号末尾のAは、当時は新幹線列車を表したが、現在は、東海道・山陽・九州新幹線列車に限り付けられている）、しかし、同じ号数の列車がひと組としてあり得ないこの方式は、指定券の誤発券、誤乗防止という観点からも画期的であった。

新幹線における列車名簡素化の試みは、近い将来おとずれるであろう、マルス（ＭＡＲＳ）による指定券発売の本格化をにらんでのことといえる。創成期のコンピュータの記憶容量や、端末機の操作性を考えれば、列車名はある程度絞らざるを得なかった。端末機にディスプレイなど、想像もつかなかった時代なのである。

東海道新幹線開業の半年余り前となる昭和三九年二月二三日には、収容座席数の拡大を図った「マルス１０１」が稼働する。

このマルス１０１では、端末を全国規模で配備、台数は当初一〇〇台にも達していなかったが、新幹線が開業する一〇月には一七〇台を超えていた。システムがフル稼働した場合、一日当たり三万二〇〇〇席収容可能が目玉で、当初は様子を見る必要もあってか、東海道本線の特急など、ごく限られた列車のみの運用にとどまったものの、プリンターが指定券に座席番号を自動印字する機能も備わり、収容対象列車もその後、徐々に増やされていった。

予想外の殺到で窓口混乱

が、残念なことにも、というより信じられないことだが、開業時の新幹線列車の座席は、マルスには一切、収容されなかった。昔ながらの台帳管理で特急券（指定券）を発券したのである。結果、大混乱が起きる。子細は、次のとおり。

まず、何故、マルス収容とはならなかったのだろうか。東海道新幹線の一列車の座席数は約一〇〇〇席（開業時の0系一二両編成の場合）。列車本数は開業時でも一日

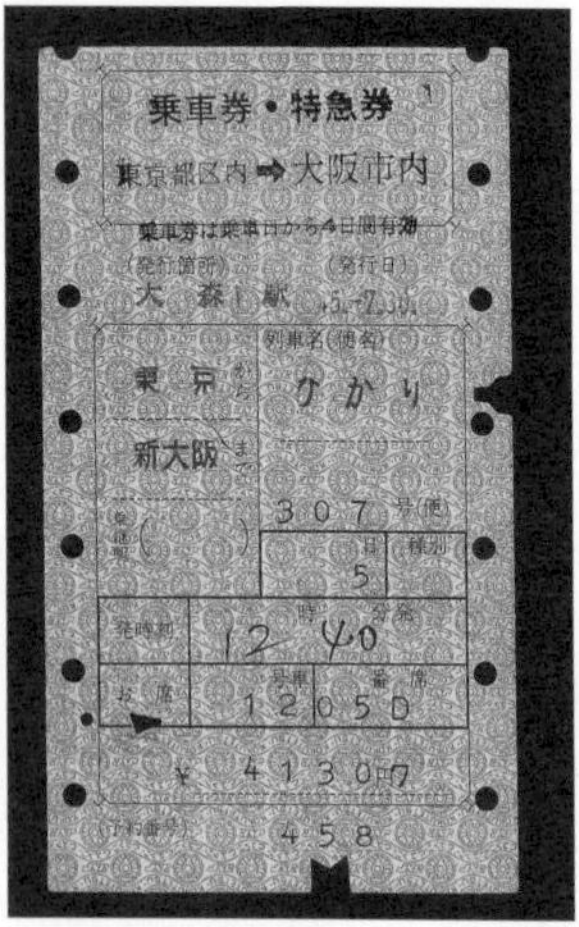

初期のマルス端末により発券された東海道新幹線の乗車券・特急券

に六〇本。そう、「マルス101」がフル稼働したとしても、全ての新幹線列車の座席を収容することは、到底不可能だったのである。また、システムは新幹線車両の横一列五席の座席配置にも対応していなかった。

新幹線は次から次へと列車が発車するのだから、乗客は列車に乗るときに乗車駅で座席の指定を受ければよく、当初は駅割当台帳による手作業発券で十分対応出来るものと当局は考えていたようだ。ところが、この考えは根本的に間違っていた。

いざ蓋を開ければ、開業人気で乗客が駅に殺到、とても手作業でさばける状態とはならな

かったのである。特急券（指定券）発券の混乱から、予定していた列車に乗れなかった人が続出。なかには特急券の入手に、数時間待たされた人もいたという（くどいようだが、当時の特急列車は全車座席指定制で、特急券には必ず号車番号・座席番号を記入して発券する必要があった）。暴徒と化す恐れのある乗客らを鎮めるため、鉄道公安官（司法警察権を持った国鉄職員。国鉄の解体時、鉄道警察隊に移行する）も出動し、出札窓口他の整理にあたったぐらいだ。新聞の見出しは、「新幹線、前売り混乱！」であった。

かかる不手際は、翌昭和四〇年に「マルス102」（ハード、基本ソフトは101と同じ）が本格稼働し、ようやく問題の解決をみる。収容可能な座席は、一日当たり一〇万席と飛躍的に向上、横一列五席配置にも対応する優れもので、その端末約五〇〇台を全国の主要駅と交通公社（現・JTB）の主要支店に配備、指定券発売専用窓口の「みどりの窓口」もオープンする。むろん、102では新幹線列車の座席も全て収容を果たす。今に通じる指定券の発売体制が、見事に確立されたという次第。

八　もう捨て置けぬ名の乱れ

苦杯をなめ続けた「はやて」

「ひかり」「こだま」の列車名は、公募により決定された。これには、五五万九〇〇〇通もの応募があったという。かつてない数だった。票の順位は、トップが約二万票を集めた「ひかり」で、「はやぶさ」「いなずま」「はやて」「富士」「流星」「あかつき」「さくら」「日本」「こだま」と続いた。

余談だが、第四位の「はやて」は、いささか因縁めいた存在である。我が国初の列車名「富士」「櫻」（昭和四年九月一五日、東京〜下関間一・二等特別急行下り1列車・上り2列車に前者の名を、同三等特別急行下り3列車・上り4列車に後者の名を与える。これが列車名のことはじめ）を決める際の公募でも、「疾風」として第十位に食い込み、その後も何度か候補にのぼる（例えば、昭和五七年の東北新幹線、上越新幹線開業時の公募でも、双方の列車名候補として上位に入っている。22頁参照）。

だが、平成一四年一二月に東北新幹線で採用されるまでは、落選に次ぐ落選の日々だった。

江戸時代に疫痢《えきり》の異称とされたことが、たたっているのだろうか（かかるとすぐ死ぬところから、疾風と呼ばれた）。

その「はやて」、昭和四年に初めて候補にあがって以来、苦節七三年目にして、ようやく日の目は見たものの、東北新幹線では後に「はやぶさ」が誕生、今では影の薄い存在と化している。このあたりも、「はやて」が呪われている点とするのは、穿《うが》ちすぎであろうか。

準急は100キロまで、それを超えると急行に

話を東海道新幹線開業時に戻せば、八二〇〇票で第十位の「こだま」が採用されたのは、「ひかり」との発音の調和や、光速と音速の関係が、超特急と特急の関係に似ていることからである。

かように新幹線では、列車名がスッキリできたというのに、一方の在来線は、名のさらなる増加に複雑怪奇化が進んでいく。主因はやはり列車増発であるが、国鉄の旅客営業制度の変更が絡むケースもあった。

昭和四一年三月五日の運賃・料金改定では、普通急行料金と準急行料金がまとめられて、普通急行料金に一本化される。準急列車の廃止を睨《にら》んでの改革といえるが、ただ、この段階では、一〇〇キロまでの「普通急行券」と同額（一等二二〇円、二等一〇〇円）の、一〇〇キロまでの「準急行券」だけは発売を継続した。よって、運転距離が一〇〇キロまでの準急列車は残り、一〇〇キロを超えて運転する準急列車は、急行列車へと格上げになったのである。

結果、同一名を名乗る準急列車群のなかに、一〇〇キロまでの列車と、それを超えて運転する列車が混在していたならば、種別を分けるだけではなく、名も分けるケースが出てきた。例えば、身延《みのぶ》線の準急「富士川1号」「富士川2号」が急行「富士川」と準急「白糸」、といった具合にである。

まあ、この分離は、東海道本線に直通して静岡～甲府間一二二・一キロを走る列車が急行「富士川」で、富士～甲府間八八・一キロを走る線内列車が準急「白糸」になったという、比較的すっきりした事例とみてとれる。

種別は違えど名は同じケースも登場

他方、ともに運転距離が一〇〇キロに満たない列車にもかかわらず、種別と名が分けられてしまったという妙なケースもあったりする。北海道は釧網《せんもう》本線・標津《しべつ》線の準急「第1らうす」「第2らうす」を、急行「くなしり」と準急「らうす」にした事例である。
「くなしり」も「らうす」も、釧路～標茶《しべちゃ》～中標津～根室標津間一一七・五キロを走る列車である（この運転区間は、人によっては懐かしくも感じられよう）。双方とも中標津～根室標津間二二・三キロが普通列車となるため、優等列車としての運転距離は九五・二キロ、すなわち、どちらも準急列車のままでよいはずだ。では何故、急行「くなしり」と準急「らうす」に分けられたのか。

それは、「らうす」が運転区間の全てにおいて単独で走ったのに対し、「くなしり」は釧路～標茶間が、根室標津行は急行「しれとこ3号」と、釧路行は急行「しれとこ2号」と併結運転となっていたから。実にややこしい。もっとも、一〇〇キロまでの急行券も準急券も値段は同額で、両者共通使用が可能だったから、とくに旅客からのクレームは出なかったとは思うけれど、いたずらに名を増やしたのは、時代の流れに反してはいまいか。

五能《ごのう》線の「岩木」はさらに不細工で、直通する奥羽本線内の併結列車の関係から、下りが準急「岩木」、上りが急行「岩木」であった。また、件の「丹後」一党などは、このころ、基本は急行ながらも、福知山発京都行の「丹後3号」だけが、九〇・一キロというその運転区間のすべてを、東舞鶴発や天橋立発の列車（運転距離一〇〇キロ超の列車）と併結されることもなく単独で走ったため、例外的に準急となっていた（福知山発京都行の「丹後1号」は、綾部〜京都間が敦賀・東舞鶴発の「丹後1号」と併結だったため急行であった。また、京都発福知山行の「丹後3号」「丹後4号」なども、宮津線経由豊岡行の「丹後3号」、東舞鶴行の「丹後4号」と京都〜綾部間併結運転ゆえ急行とされた）。

「丹後」や「岩木」の例がまかり通るのであれば、種別は分かれても、名は分けなくともよい、という理解になる。

もう、こうなれば、在来線の列車名は支離滅裂以外の何者でもない。かかる無秩序を、このまま野放しにしておけば、しまいに収拾がつかなくなることは、目に見えている。そこで天下の国鉄も、ついに重い腰を上げるのだった。

九　全国統一の掟

臨時列車も定期と同じ名に

〝ヨン・サン・トオ〟と呼ばれた昭和四三年一〇月一日の白紙ダイヤ改正では、空前絶後にして未曾有《みぞう》の列車大増発が断行された。増発列車の本数は二八〇本に達し、その多さからか、改正当日は、全国で列車ダイヤが乱れに乱れまくった。

この改正には、さらなる見所があった。列車名に関する全社的なルールの確立である。乱れ放題だった列車の名に、統一のメスが入れられたというわけ。結果、優等列車の名は、特急が増発のため四〇種から四七種に増えたものの、急行は三一九種（準急を含んだ数）から二二一種に激減（準急は今回の改正で全廃）、総数は九一種減の二六八種に落ち着いた。

今回の改正における列車名の統一基準は次のとおり。

(1) 類似する運転系統・運転区間単位に可能な限り集約して列車名をつける
(2) 特急列車と急行列車とは、おのおの別の列車名とする
(3) 昼行列車と夜行列車では、特急列車は別の列車名、急行列車は原則として同一の列車名とする
(4) 定期列車・季節列車および臨時列車は原則として同一の列車名とする
(5) 定期列車と季節列車を合わせて下り上りどちらかが二本以上運転される場合は、列車名の次位に次による番号を付ける
①定期列車と季節列車とを合わせて発車時刻順に「〇〇1号」「〇〇2号」……と

号数を振る（「第１〇〇」「第２〇〇」は使用しない）。定期列車と季節列車は下り・上りとも通番で1号、2号……とする

②臨時列車については発車時刻を基準に51号、52号……と〝50番台〟の号数を振る

なかなか体系だった明確な基準ではないか。なお、〝季節列車〟というのは、それまでの不定期列車が変じたもの。季節ごとの多客期を中心に運転となる列車だが、名に付けられる号数からもわかるように、原則として、年間の運転日・パターンがあらかじめ決められ、市販の時刻表にもかなり以前から運転日が公示された。〝運転日はそのつど発表〟の不定期列車に比べると、だいぶ利用しやすくなったのは確かである（ＪＲ化以降は、季節列車と臨時列車の区別が曖昧《あいまい》となり、現在では臨時列車〔増発列車と呼ぶ場合もある〕に飲み込まれた感じがする）。

季節列車・臨時列車の名を定期列車と同一にするというルールの確立は、波動輸送（時期的な需要の増減に対応した輸送体制）の計画担当者に、歓迎をもって迎えられたに違いない。とくに臨時列車にいえることだが、なにしろこれまでは、列車設定のつど、名を考え出さなければならなかったのだから。

「いそじ」（運転区間が紀勢本線の新宮〜白浜間だから〝磯の路〟の意と思われる）とか、「ライン」（名古屋〜下呂・高山間の列車ゆえ、途中通る〝日本ライン〟にちなんだ名か?）、「第1天草観光」（博多〜三角《みすみ》間、団体列車みたいな名だ）といった苦し紛れの名（?）を繰り出さなくとも、「○○51号」で、もう済むわけである。「臨時雷鳥」「臨時くろしお」「臨時きのくに」「臨時南紀」「臨時但馬」「臨時丹後」など、素性そのままの芸のない名とも、お別れである。

時刻表を改正前後で比べてみると…

まあ、それはともかく、もっとも肝腎と思える（1）の列車名集約のルールについて、実践の様子を確かめるため、大阪は〝ミナミ〟のターミナル、天王寺《てんのうじ》を発し南紀へと向かう急行列車の名を、誠に〝芸がない〟けれども、改正の前後で発車時刻順に列記してみる。まずは改正前。

8時00分発急行「南紀1号」新宮行／9時30分発急行「第1きのくに」白浜行／10時30分発急行「紀州」名古屋行／11時30分発急行「しらはま2号」白浜行／13時00分発急行「南

紀2号・第2きのくに」新宮・白浜行／13時30分発急行「臨時しらはま」白浜行／14時00分発急行「第3きのくに」椿《つばき》行／14時40分発急行「臨時きのくに」白浜行／16時00分発急行「第4きのくに」椿行／17時00分発急行「南紀3号」新宮行／18時30分発急行「しらはま3号」白浜行／23時30分発急行「南紀4号」新宮行

（『国鉄監修　交通公社の時刻表』昭和四二年一〇月号より。なぜか南紀方面に向かう「しらはま1号」が見当たらない）

なるほど、実に賑やかである。続いて改正後。

7時30分発急行「きのくに1号」新宮行／8時00分発急行「きのくに2号」新宮行／9時30分発急行「きのくに3号」白浜行／10時30分発急行「紀州4号」名古屋行／11時30分発急行「きのくに4号」白浜行／13時10分発急行「きのくに5号」新宮行／13時30分発急行「きのくに6号」白浜行／13時50分発急行「きのくに7号」新宮行／15時00分発急行「きのくに8号」椿行／15時20分発急行「きのくに51号」白浜行／16時00分発急行「きのくに9号」椿行／17時00分発急行「きのくに10号」新宮行／18時30分発急行「きのくに11号」

白浜行／23時30分発急行「きのくに13号」新宮行

（『国鉄監修　交通公社の時刻表』昭和四三年一〇月号より。こちらもなぜか南紀方面に向かう「きのくに12号」が見当たらない）

気持ちがいいぐらいに、すっきりとしている。「紀州4号」という例外があるのは、これ実のところ名古屋と南紀を結ぶ急行「紀州」一党の一員で、そのうちの一往復だけが足を伸ばし、紀伊半島をグルリと回って、はるばる天王寺に顔を出していたことによる産物。

乗り入れ私鉄の列車名も統一

さて、右の天王寺と南紀を結ぶ急行群には、うち四往復、和歌山以南で私鉄の南海電気鉄道は難波《なんば》発着となる車両（南海所有）を併結する列車が存在していた。当然、難波に出入りする列車のほうも、天王寺発着の本家列車の名称整理に付き合って、〃ヨン・サン・トオ〃以降はスッキリとした名となっている。

難波発の時刻表を見比べれば、改正前は、7時45分発急行「南紀1号」新宮行／12時40分発急行「第2きのくに」白浜行／13時10分発急行「臨時しらはま」白浜行／16時38分発急行

難波発着の急行「きのくに」は、南海電気鉄道所有のディーゼルカーにより運転されていた

急行「きのくに」の南海編成は、国鉄紀勢本線内では天王寺発着の「きのくに」基本編成に併結となって走った。この写真では手前の二両が南海編成

「南紀3号」白浜行、だが、改正後は、7時45分発急行「きのくに２号」新宮行／12時51分発急行「きのくに５号」白浜行／13時13分発急行「きのくに６号」白浜行／16時40分発急行「きのくに10号」白浜行、という具合。

私鉄列車の国鉄線乗り入れといえば、東の横綱として、小田急電鉄の御殿場線直通列車があげられようか。現在の特急ロマンスカー「あさぎり」の先祖となる、新宿〜御殿場間の列車で、〝ヨン・サン・トオ〟の当時は定期列車が四往復の設定。こちらも改正前は、準急「銀嶺」・準急「朝霧」・準急「芙蓉」・準急「長尾」（小田急線内の列車種別は「特別準急」）、と個々別々の列車名であった。これが改正後は、急行「あさぎり１号」・急行「あさぎり２号」・急行「あさぎり３号」・急行「あさぎり４号」（小田急線内の列車種別は「連絡急行」）、とさっぱりする（列車名の「あさぎり」統一は、改正の少し前、七月一日に実施）。

この小田急電鉄では、看板の箱根特急が、国鉄よりも早くに列車名の大整理を行っている。「あしのこ」「明星」「あしがら」「さがみ」「大観」「仙石」「はつはな」「湯坂」「明神」「はこね」「乙女」「神山」「姥子」「金時」「早雲」「夕月」と、一六種も揃って賑々しかった新宿〜箱根湯本間特急の名を、昭和三八年に、「あしがら」「あしのこ」「きんとき」「はこね」「おとめ」の五種に整理、「第１〇〇」方式で個々を区別したのであった。さらに三年後、新宿

御殿場線を行く連絡急行時代の「あさぎり」

特急ロマンスカー「はこね」は今も小田急電鉄の看板列車

〜小田原間ノンストップ運転の列車を「はこね」、主要駅停車タイプを「さがみ」と再整理する（その一年後、町田停車の「あしがら」が加わる）。

ただ、御殿場方面の連絡急行が「あさぎり」に統一されて以降は、「第1〇〇」派（「はこね」「さがみ」「あしがら」「えのしま」など）と「〇〇1号」派（「あさぎり」）の混在が、平成の初めごろまで長らく続く結果となったのは、ご愛嬌《あいきょう》だろうか。

ちなみに、現在の小田急・特急ロマンスカー定期列車の名は、「スーパーはこね」「はこね」「メトロはこね」「さがみ」「メトロさがみ」「あさぎり」「えのしま」「ホームウェイ」「メトロホームウェイ」の九種。番号は「〇〇1号」……方式で、下りは奇数番号、上りは偶数番号である。

十　列車名選定において留意すべきこと

特急は〝格下げ〟に

話を国鉄の〝ヨン・サン・トオ〟改正に戻す。この改正では、列車名の選定についても、以下のことが留意された。

ありし日の寝台特急（ブルートレイン）「富士」と「さくら」。まさに日本を代表する山と花である

①旅客に対して列車の性格内容を端的に示すものを選定すること
②読みやすく、発音しやすいこと
③書いて短く、字画等が簡単であること
④覚えやすく、他の列車名と紛らわしくないこと

北陸路の特急「北越」の名は、越の国の北、すなわち越中から越後にかけてをさすものと思われるが、昭和44年のデビュー当時、なんとなく特急らしからぬ印象であった

安房国（房州）の外側の意であろう「外房」は、旧国名絡みの急行らしき名であった

はじめにご案内の上越新幹線「あさひ」改名劇は、長野新幹線（北陸新幹線）長野開業の際の、その列車を「あさま」と命名した段に、明らかに留意事項④を忘れてしまったがため、起きた不始末である。「丹後」と

上から寝台急行「銀河」、寝台特急「彗星」、寝台特急「北斗星」。寝台列車には天体名が本当によく似合う

「丹波」の競演も、やはりこれを見れば、あまり好ましい状態ではなかったといえる。

〝ヨン・サン・トオ〟改正以降の列車名は、特急は、スピードを象徴する抽象的な名、鳥の名、日本を代表する山や花の名、運転する地方を代表する海・山・川・湖の名、急行は、運転する地方に関係する有名な山・川・海・湖の名、地名・旧国名・名勝名・史跡名、または地方的な特色ある自然現象名、寝台列車は、右に加えて天体に関係する名称、といった傾向に落ち着く。

特急も本数が増えて、以前ほどに特別な存在ではなくなったためか、〝風格・品格を第一義〟などといった堅苦しい話は何処《どこ》へといって、〝運転する地方を代表する海・山・川・湖の名〟が許されるようになったのも、時代の流れというやつか。

在来線も「下り奇数・上り偶数」で号数激増

昭和四三年一〇月改正以降も、特急を中心に列車増発は続いたが、列車名の数は、統一基準の確立が功を奏してか、ほぼ横這《よこば》いで推移する。ただ、需要旺盛な列車群では、当然ながら、号数がやたらに増えていく。が、それは増発だけでなく、別の要因も作用していた。

奇《く》しくも〝ヨン・サン・トオ〟から一〇年後の、昭和五三年一〇月二日のダイヤ改正では、在来線列車における号数の振り方が変わる。内容はこうである。

①下り列車には奇数番号、上り列車には偶数番号をつける

②番号は定期列車と季節列車とを合わせて発車時刻を基準として、下り列車は1号からはじめて奇数番号順、上り列車は2号からはじめて偶数番号順につける

③臨時列車については発車時刻を基準として、下り列車は51号からはじめて奇数番号順、上り列車は52号からはじめて偶数番号順につける

在来線特急で「〇〇1号」方式を最初に採用した「くろしお」

要は、新幹線方式を在来線にも導入したというわけ。これにより、指定券誤発売の確率も、だいぶ低くなったはず。ただ、下り・上りそれぞれ一本ずつしか走らない列車は、従前どおり下り、上りともに「〇〇」のままとされたのが、実に悔やまれる点だ。現在にも引きずっている問題なのだが、一往復のみ運転の列車でも、下りは「〇〇1号」、上りは「〇〇2号」としておけば、この世に同じ名の列車は皆無となるので、指定券を下り、上り間違って発売、

あるいは間違った指定券を気付かずに旅客が受け取る、といったトラブルは、限りなくゼロに近づけられたであろう。

在来線の列車における下り奇数・上り偶数方式の導入は、昭和五三年一〇月改正以前にも例があった。〝ヨン・サン・トオ〟より一年前の昭和四二年一〇月一日のダイヤ改正時、一往復から三往復に増発をみた紀勢本線の特急「くろしお」(名古屋・新宮・白浜〜天王寺間)で、下り(天王寺行)を1号、3号、5号、上り(名古屋・白浜・新宮行)を2号、4号、6号としたのである。

けれども、同僚の急行「南紀」「きのくに」「しらはま」が、下りも上りも1号、2号……、あるいは第1、第2……のままだったため、かえって混乱を招いてしまったらしく、一年後の〝ヨン・サン・トオ〟で、「くろしお」は下り・上りともに1号、2号……に改められた。試行的導入だったと思われるが、中途半端なのはダメである。

ちなみに、昭和四二年当時、新幹線以外の特急はみな「第1〇〇」方式だったので、在来線特急で最初に「〇〇1号」方式を採用した先駆者は、この「くろしお」一党ということになる。

十一　特急に鳥が多いわけ

速い列車は特急に一本化

昭和五三年一〇月改正以降、列車名の選定・付与基準に関する大きな変更は行われていない。現在のＪＲ旅客鉄道各社も、基本的には、同改正時点で確立された基準を受け継いでいる。

一方、ＪＲ線における優等列車の種別に関しては、大きく変容した。かつて準急列車が急行列車に格上げ（吸収）されるかたちで消えていったのと同じように、昭和五〇年代中ごろより、急行列車もダイヤ改正の都度、特急列車へと格上げが進んで、その数を減らしていったのである。

今、時刻表を見渡せば、定期列車としての急行は、青森〜札幌間を走る「はまなす」が、ただ一往復のみだ。まあ、これも、北海道新幹線・新青森〜新函館北斗間の開業が間近に迫っているので、もう、先は見えたようなものである。

ＪＲ旅客鉄道各社の優等列車は、特急にほぼ一本化をみたため、その名は当然ながら〝ス

今は東北新幹線の代表的列車名である「はやぶさ」の名も、かつては東京〜西鹿児島間の寝台特急に使われていた

ピードを象徴する抽象的な名、鳥の名、日本を代表する山や花の名、運転する地方を代表する海・山・川・湖の名〟に加えて、〝運転する地方に関係する有名な山・川・海・湖の名、地名・旧国名・名勝名・史跡名、または地方的な特色ある自然現象名〟といったものも、数多く見受けられるようになってきた。

奥羽本線・秋田〜青森間の特急「つがる」や、飯田線・豊橋〜飯田間の特急「(ワイドビュー)伊那路」などは、かなり地方色が濃厚な名といえる。

世論の支持を集める

そういう急行や、かつての準急めいた名が台頭する反面、特急が特急らしかった昭和三

○年代当時の、特急名選定に関する不文律〃風格・品格を第一義とし、国を象徴する山・花の名、スピードがイメージできる鳥の名、あるいは自然現象名（地域限定ではないもの）などの抽象的なものに限る〃に適合する名も、まだまだ多い。

新幹線では、「はやぶさ」「はやて」「やまびこ」「つばさ」「とき」「かがやき」「はくたか」「ひかり」「こだま」「さくら」「つばめ」、在来線特急では、「白鳥」「しらさぎ」「こうのとり」「はまかぜ」「しおかぜ」「きらめき」「かもめ」、あたりの面々ではなかろうか。鳥名に関しては、さほどスピードがイメージできない鳥でも、空を飛ぶので速いはずだから、あげておいた。鳥の一部位である「つばさ」も同じく。ゆえにか、妙に鳥絡みが目立つ。

歴史的にみても、国鉄・JRの特急名には鳥の名が多い。例えば、〃ヨン・サン・トオ〃当時の鳥関連の特急名を書き出せば、「はやぶさ」「つばめ」「はと」「かもめ」「白鳥」「雷鳥」「しらさぎ」「とき」「はくたか」「はつかり」「はくつる」「ゆうづる」「ひばり」「つばさ」「やまばと」「おおとり」と、一六種も並んでしまう。なんで、そんなに鳥名が採用されるのだろうか。

我が国における列車名のことはじめは、昭和四年九月一五日に命名の「富士」と「櫻」であることは、前にもご案内している。当時の国有鉄道の運営体であった鉄道省が、列車を

往年の鳥名特急。上から東北路の寝台特急「はくつる」、日本海縦貫線の昼行特急「白鳥」、北陸路の代表的特急「雷鳥」（左）

人々に親しまれる存在とするため、欧米に倣って名をつけることを決断、とりあえずは、全国でも東京〜下関間に二往復しか走っていなかった特別急行列車を対象としたわけである。

で、その名を広く世間より募ったところ、五六〇〇〇通もの応募があり、結果は、第一位「富士」＝一〇〇七票、第二位「燕《つばめ》」＝八八二票、第三位「櫻」＝八三四票となり、以下、「旭」「隼《はやぶさ》」「鳩」「大和《やまと》」「鷗《かもめ》」「千鳥」「疾風《はやて》」「敷島《しきしま》」「菊」「梅」「稲妻」「宮島」「鳳《おおとり》」「東風《こち》」「鴈《かり》」と続いた。

ご覧のとおり、やはり鳥の名が眼に付く。かかる結果より、〝特急名＝スピードを印象付ける名＝鳥名〟という図式が鉄道関係者や庶民の心理に定着、後生にも受け継がれていったと推量しても、大きく的を外れてはいないはず。

ところで、第二位の「燕」だが、この時、落選したのではなく、翌昭和五年の一〇月一日に運転をはじめる東京〜神戸間の特別急行用に、取っておかれたのである。新設の特別急行「燕」は、「富士」「櫻」よりも速かったことから、人々は〝超特急燕〟と渾名《あだな》して、大いにもてはやしたと伝えられる。

号数は例外多し

話を昭和五三年一〇月改正以降の列車名の変化に戻せば、号数の振り方についても、後に若干の違いが生じている。

臨時列車は50番台とする掟だったが、売れ筋の特急列車群では、急行の格上げ吸収を含む増発によって、定期列車でも50番台に達するものが出てきてしまったため、国鉄時代の末期には80・90番台と改められる。が、今は、必ずしもそうはなっていない臨時列車も眼にとまる。中央本線の「スーパーあずさ」「あずさ」一党では、臨時列車は50番台と70・80番台が混在するようだ。

定期列車についても、発車時刻順に下り1号、3号、5号……、上り2号、4号、6号……、などとはなっていない列車群がある。

東京と伊豆を結ぶ「スーパービュー踊り子」「踊り子」一党の場合、前者が一桁数字の号数なのに対し、後者は100番台の号数であるため、東京駅では、「踊り子107号」の次に「スーパービュー踊り子5号」が発車したりする（「スーパービュー踊り子」と「踊り子」を分けて捉《とら》えれば、双方とも発車時刻順に号数が振られているのだが）。

この列車群では、一部の臨時列車が、「スーパービュー踊り子」「踊り子」それぞれにおい

デビュー当時の「踊り子」は、特急らしからぬ名と随分、陰口をたたかれたものである

て、定期列車と合わせて発車時刻順に号数が振られるのも特徴といえる。

話は急に遠くへ飛ぶけれど、四国は牟岐《むぎ》線の徳島〜阿南間に一往復走る「ホームエクスプレス阿南《あなん》」なる特急が、下りは1号、上りは2号と、番号がつけられている点も見逃せない。

要するに、こと号数の振り方に関しては、いささかながら統一性に欠ける、今日この頃なのである。

第二幕

列車種別はややこしい

一　お品書き豊富な西武池袋線

ランクがわからない種別

如何なる用事にて乗車するのかはともかく、西武鉄道池袋線では毎度ながらに、感服させられることがある。車内に掲げられた停車駅の御案内に並ぶ、列車種別の多さである。「ちちぶ」「むさし」の列車名が与えられる有料の「特急」（乗車には特急券が必要な列車）を筆頭に、「快速急行」「急行」「通勤急行」「快速」「通勤準急」「準急」「各駅停車」という具合に、ずらりと八種も揃っている。

「快速急行」については、池袋発着の列車と、東京メトロ副都心線直通列車とで停車駅が若干異なるので（練馬を通過するか停車するかの違い）、僭越《せんえつ》ながらに意見を述べさせていただければ、前者を「快速急行」、後者を「直通快急」（「直通快速急行」）とでもして種別を分けたほうが、スッキリしそうだ。今以上、種別が増えるのはちょっと、と、いわれるかもしれない。が、過去には、「通勤快速」と「区間準急」が参戦して、西武池袋線の列車種別は都合一〇種にも達したことがあるのだから、今さら九種に増えたところで、どうという話でもないではないか。

まあ、いいけれども、こんなに多くて、土地の衆は乗り間違いなど起こさないのだろうか。きっと、乗り慣れているのであろう。ただ、旅のよそ者にとってはちと難解で、車内掲出の停車駅の御案内がなければ、なんとも生きた心地がしない。

これは他の私鉄にもいえることなのだが、複合種別（例えば「快速特急」「快速急行」「通勤特急」「通勤急行」など）の多用には、上位列車、下位列車の序列をわかりづらくするという欠点がつきまとう。

西武池袋線は列車種別の宝庫

単純に列車種別が「特急」「急行」「準急」「各駅停車」の四本立てであれば、はじめて利用する旅の者でも、字面だけで序列はわかる。ところが、右に「快速急行」と「通勤急行」が加わったりすると、もうよそ者はお手上げではなかろうか。「快速急行」は、なんとなく「急行」よりも上位で、「特急」よりも下位であろうこと、おぼろげにもわかる。「快速急行」の老舗である近畿日本鉄道奈良線では、まさにそうだ。が、「通勤急行」となると、はて「急行」より速いのか遅いのか、その点が文字からは読み取れない。

「通勤○○」の怪

西武鉄道池袋線や近隣の東武鉄道東上線（正式線名は東上本線）では、「通勤急行」は「急行」の下位に位置するものの、これもややこしい話で、西武鉄道でも新宿線では「通勤急行」は「急行」よりも上となる。池袋線にしたって、「通勤○○」の一派である「通勤準急」は、「準急」よりも停車駅が少ない。

関西に眼を転じれば、京阪電気鉄道京阪本線も、「通勤○○」のほうが「○○」より上という関係にある。同線の列車種別を上位（停車駅の少ないもの）から列記してみよう。

・京阪本線＝「快速特急」（臨時のみ）「特急」「通勤快急」「快速急行」「深夜急行」「急行」「通勤準急」「準急」「区間急行」「普通」

近鉄奈良線の「快速急行」は、有料の「特急」に次ぐ存在

京阪は西武池袋線以上の品揃えで驚かされるけれど、「快速特急」は行楽シーズンの土曜・休日を中心に運転する限定的な存在で、「深夜急行」は文字どおり深夜に片道一本だけ運転という特殊なものゆえ、まあ、レギュラーといえる種別は八つだろう。別に西武池袋線の肩を持つつもりはないが、引き分けだと思う。

阪急神戸線も「特急」を筆頭に、「通勤特急」「快速急行」「急行」「通勤急行」「準急」「普通」と多数の種別を用意

同じく関西の阪急電鉄では、大黒柱の神戸線、宝塚線、京都線ともに、「通勤○○」は「○○」の下位なるも、平成二七年三月二一日の宝塚線ダイヤ改正の前、同線では、「急行」の上位に「通勤急行」が、「準急」の上位に「通勤準急」が君臨していたから、ややこしかった。

流石《さすが》に「快速○○」については、東西の各社各路線で、元となる「○○」よりも上位に置かれている。が、しかし、東武鉄道伊勢崎《いせさき》線では一時期、「快速急行」が「急行」よりも下位となっていたのも事実である。

二 「快速」は「急行」の上か下か

停車駅が一つ少ないだけで「特別」

複合種別ではないものの、「快速」というヤツもまたクセ者だ。西武池袋線では「急行」と「準急」の間に位置づけられているが、他社を見渡せば、一部に「急行」より上位とする私鉄もある。

またしても東武鉄道で、俗に〝本線〟と呼ばれる伊勢崎線（同線のうち浅草・押上〜東武動物公園間は「東武スカイツリーライン」の愛称線名が与えられている）・日光線でも、社内的に独立色の強い東上線でも、「快速」は「急行」よりも上にある（東武鉄道の線路名称で正式に〝本線〟が付くのは東上本線のみだが、既述のとおりこちらは通常〝東上線〟と呼ばれ、〝本線〟の付かない伊勢崎線・日光線が〝本線〟と呼ばれるあたりが、この会社のややこしい一面である）。

さらに面白いことにも、伊勢崎線（東武スカイツリーライン）・日光線には「区間快速」という種別があって、これも「急行」より上位とされるから、はじめて乗る人はたまらない。

〝本線〟の根元ともいえる北千住～東武動物公園間で、「区間快速」と「急行」の途中停車駅を見比べてみれば、前者が春日部のみなのに対し、後者は西新井、草加、新越谷、越谷、せんげん台、春日部《かすかべ》となる。

〝ハイブリッド・レジャーランド〟を謳《うた》う「東武動物公園」にホワイトタイガーでも見に行く際は要注意だ。「区間快速」よりも「急行」のほうがはるかに速いだろうという、文字どおりの印象にまどわされて、北千住で先発の「区間快速」を見送り、後発の「急行」にでも乗ろうものなら、ホワイトタイガーに会えるのも、かなり遅くなるであろう。

東武スカイツリーラインでは、「急行」「区間急行」よりも「快速」「区間快速」が上という関係なので、よそ者は戸惑う

関西では、神戸電鉄が「特快速」「快速」「急行」「準急」「普通」という序列で、「急行」よりも「快速」が速い関係にある。それにしても頭の「特快速」とは、また聞き慣れない種別ではないか。「快速」の上を

中京圏の東海道本線では、「新快速」の上位に「特別快速」がある

ゆく〝特別な快速〟という意味なのだろうが、ＪＲ西日本風に「新快速」とするか、あるいはＪＲ東日本風に「特別快速」としても、よかったのではなかろうか。

ちなみに、東西のＪＲに挟まれるＪＲ東海の東海道本線名古屋付近では、「特別快速」と「新快速」の競演が見られる。「新快速」よりも「特別快速」のほうが一つ停車駅が少ない、という間柄である。さらには「快速」と「区間快速」も用意されているので、まさに〝快速〟の総合商社といえよう。

東武は本線と東上線で種別が違う

話がどうも散漫な流れとなって恐縮するのだが、東武鉄道でも元々は、「急行」が「快速」よりも上であった。

かつて〝ミニ国鉄〟などとも渾名された東武だが、平成一八年三月のダイヤ改正以前は、列車の種別と営業体制も旧国鉄に倣ってか、「特急」（特別急行）だけでなく「急行」も乗車には急行券が必要となる有料列車の扱いであった。で、その下に料金不要の列車群がぶらさがるという構図で、昭和五〇年頃は、「快速」「通勤快速」「準急（A）」「準急（B）」「普通」というメンバー構成となっていた。見事、「快速」よりも「急行」が上位の存在である。

　なお、当時、「快速」用のクロスシート車両（四人掛けボックス席装備）を使用する日光方面の「急行」と、専用のデラックス車両（二人掛け回転クロスシート装備）を使用する赤城方面の「急行」とでは、車内設備に差が出すぎたため、前者の種別を昭和五〇年に格下げして「急行」と「快速」の中間という位置づけで誕生したのが、御案内済みの「快速急行」である。それも乗車には、快速急行券が必要だった。

　ところで、右に並べた東武鉄道の列車種別であるけれど、これ実は、あくまでも〝本線〟のものであって、路線自体が社内的に独立して存在する東上線では、様相が異なっていた。昭和五〇年ごろの列車種別をあげれば、「特急」「急行」「準急」「普通」となる。

　〝本線〟と端的に〝様相が異なっていた〟のは、「特急」「急行」も通勤型車両を使用する料金不要の列車である点。同じ会社でありながらも路線によって「特急」「急行」の性格がまるで違っていたのも、東武鉄道のややこしい横顔であった。

　まあ、東上線は元々は東上鉄道という別会社であり、それが大正九年に東武鉄道と合併したという歴史である。別会社だった名残《なごり》は、平成の御代となった今でも随所に見て取れる。

東武鉄道、往年の有料「快速急行」。上が日光方面の「だいや」、下が鬼怒川方面の「おじか」で、ともに全車座席指定制であった。「だいや」は「急行」から「快速急行」に格下げ直後のため、種別幕は「急行」を表示、ヘッドマークに小さく「快速急行」と書かれている

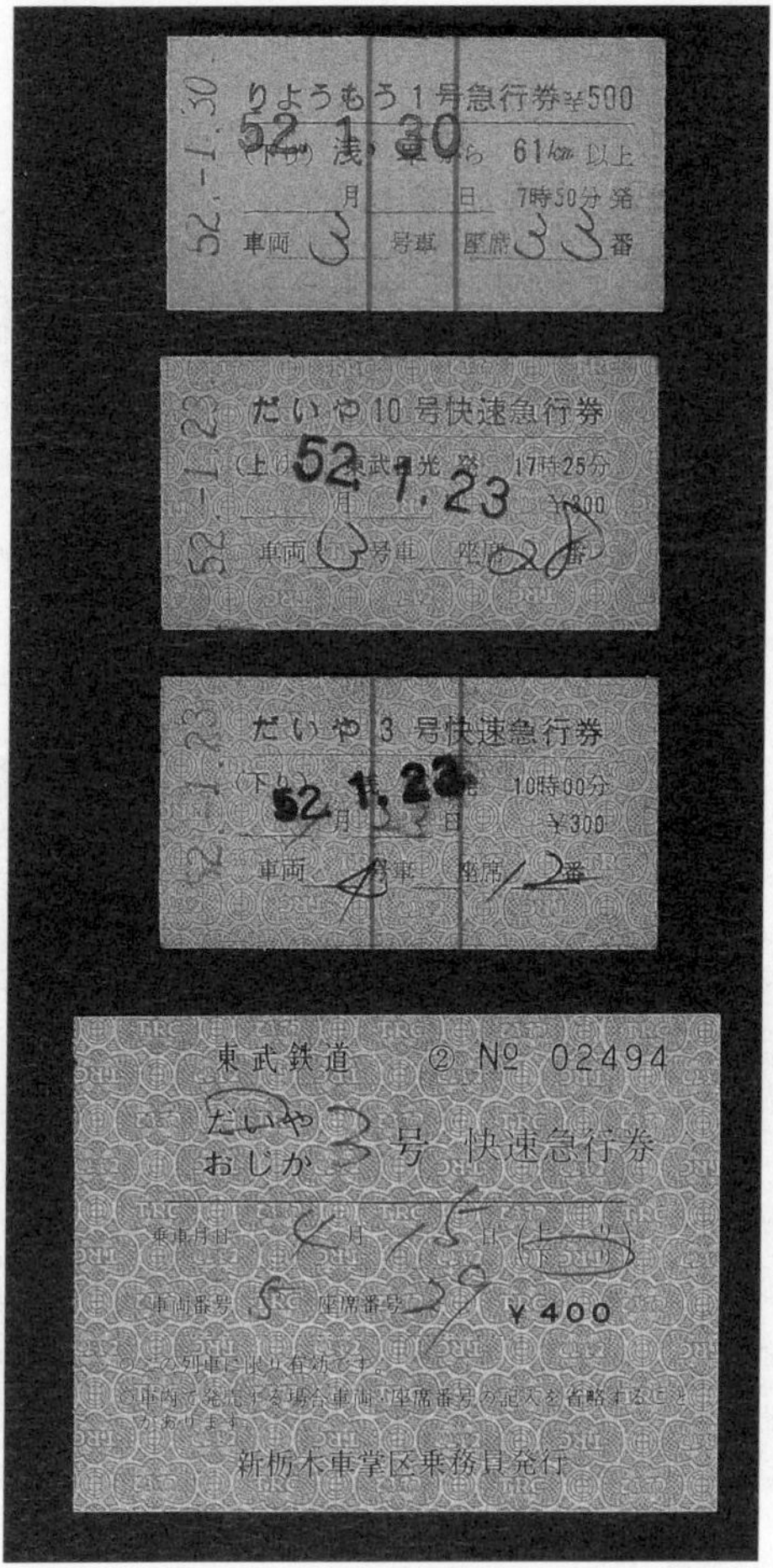

指定席を台帳管理していた時代の東武の急行券と快速急行券。一番下は「だいや３号」の車内で車掌が発売した快速急行券である

往年の東武鉄道、特急列車。上が本線筋の有料特急「きぬ」、下が乗車券だけで乗れた東上線の特急「銀盤」

一例をあげれば駅名標、〝本線〟のものとはデザインを異にしている。
ご参考までに、現在の東武鉄道の列車種別を以下に列記しておく。
・本線＝「特急」（有料）「快速」「区間快速」「急行」「区間急行」「準急」「区間準急」「普通」
・東上線＝「ＴＪライナー」（有料）「快速急行」「快速」「急行」「通勤急行」「準急」「普通」

三　技巧みなる朝の列車ダイヤ

下位が上位を〝飛び越す〟

展開が雲集霧散ぎみなので、仕切り直して話を冒頭の西武鉄道池袋線の列車種別に戻す。「特急」（有料）「快速急行」「急行」「通勤急行」「快速」「通勤準急」「準急」「各駅停車」の八種を、揃えるということであった。まず、それぞれの停車駅を見てみよう（図３）。

お気づきのように、上位の列車が停車する駅を下位の列車が通過するという現象が、所々で生じている。石神井《しゃくじい》公園《こうえん》は「快速急行」「急行」「通勤急行」「快速」が停まるのに、何故かその下の「通勤準急」は通過する。ひばりヶ丘も「快速急行」「急行」は停車するが、「通勤急行」は停まらない。

　所沢〜石神井公園間における、「急行」と「通勤急行」の停車駅の違いも妙である。「通勤急行」は、「急行」が通過する東久留米、保谷《ほうや》、大泉学園には停まるのだが、「急行」が停車する、ひばりヶ丘は既述のとおり通過してしまう。この「通勤急行」がわざわざ停まる保谷、大泉学園の両駅を、その下位列車であるはずの「快速」が通過するというのも、なんとなく気持ちが悪い。

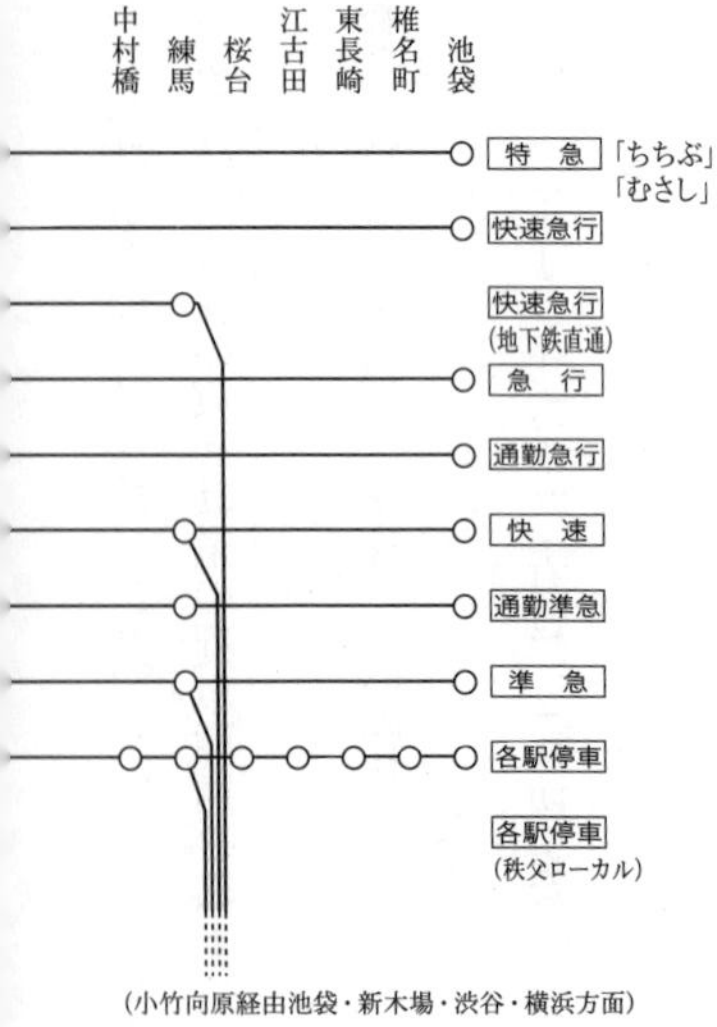

　どうして、こうも上下関係が無秩序なのだろうか。

　かように、種別の上下を多少無視してでも、列車ごとに停車駅を分散させるやり方を、〃千鳥式運転〃もしくは〃千鳥停車〃と呼び、最混雑時間帯のダ

図3　西武鉄道池袋線　列車停車駅概要

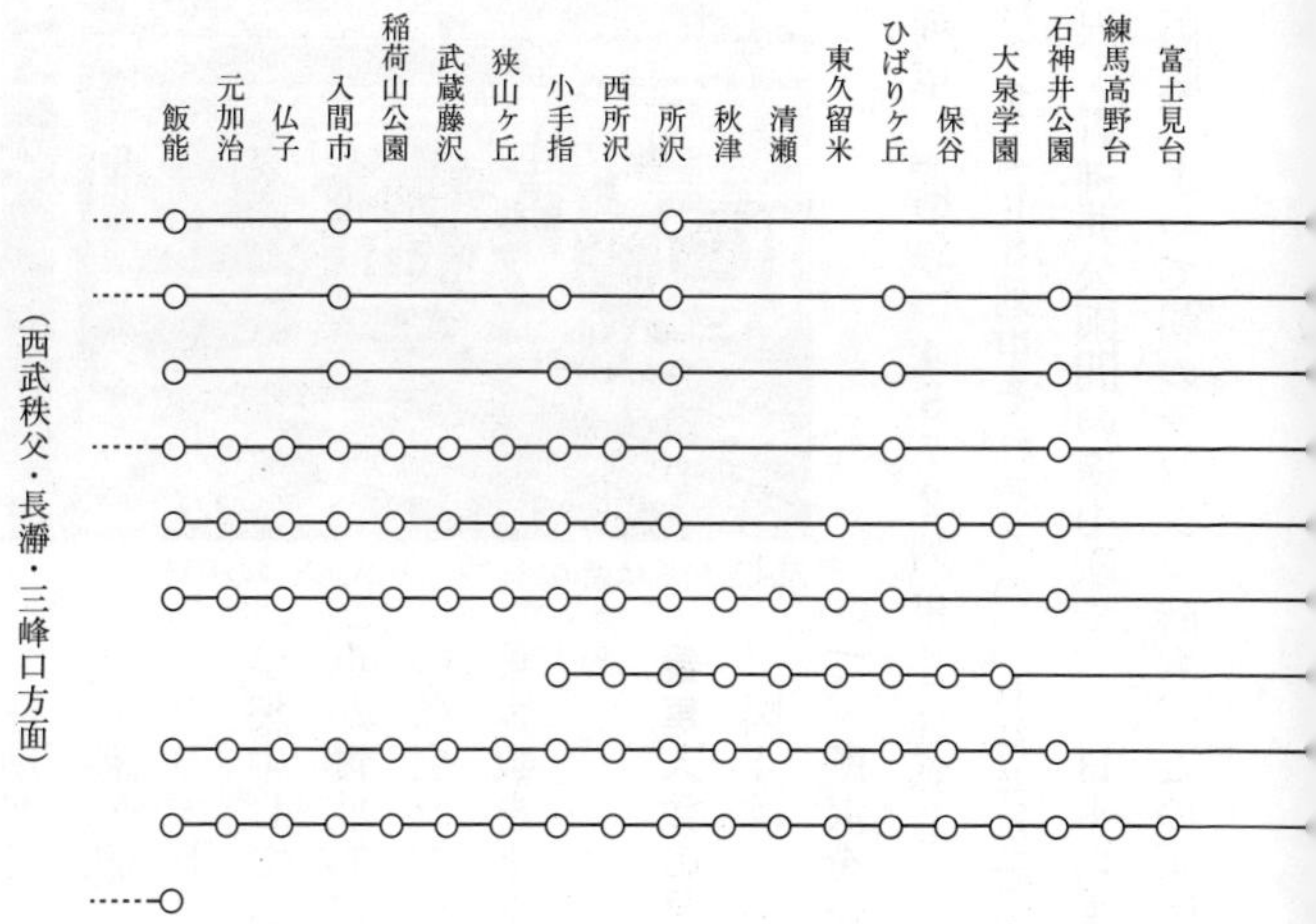

イヤで採用される場面が多いという。

なるほど、西武池袋線は八つも列車種別があって、停車駅の御案内だけを見ると、ややこしそうで、よそ者は青ざめるけれど、そのうちコンスタントに運転されているのは、「特急」「快速急行」「急行」「快速」「準急」「各駅停車」の六種で、下克上的な通過駅を誇る「通勤急行」と「通勤準急」は、文字どおり平日の朝に、上り方向（池袋方面）へだけしか運転していないのである。

通勤客でごった返すラッシュ時に、杓子定規にも上位列車の停車駅には必ず下位列車も停車させることに拘《こだわ》っていたりすれば、より速達効果の高い上位列車ばかりに乗客が集中してしまい、乗り換え駅での乗降時間が増して、列車が慢性的に遅れたりする恐れがある。そこで、上下の秩序は少々大目に見て、列車ごとに停車駅を分け、各列車の乗客数を平準化させる戦法にでたという次第。

西武池袋線は朝の列車ダイヤがひとつの見所

乗車人数の見事なコントロール

図4は、平成二五年三月一六日改正の平日ダイヤにおいて、所沢を朝7時02分から11分までの間に発車する四本の上り列車、「準急」4572列車、「通勤急行」2502列車、「通勤準急」4654列車、「急行」2108列車それぞれの、石神井公園までの足取りを追った概略図である。

所沢～石神井公園間の途中駅で、一日平均乗降人員数が目立って多いのは、秋津と大泉学園の両駅。よって朝のラッシュ時も、この両駅から乗り込んで都心へと向かう人の数は、他

図4　千鳥式運転による列車ごとの乗客数平準化法概念図

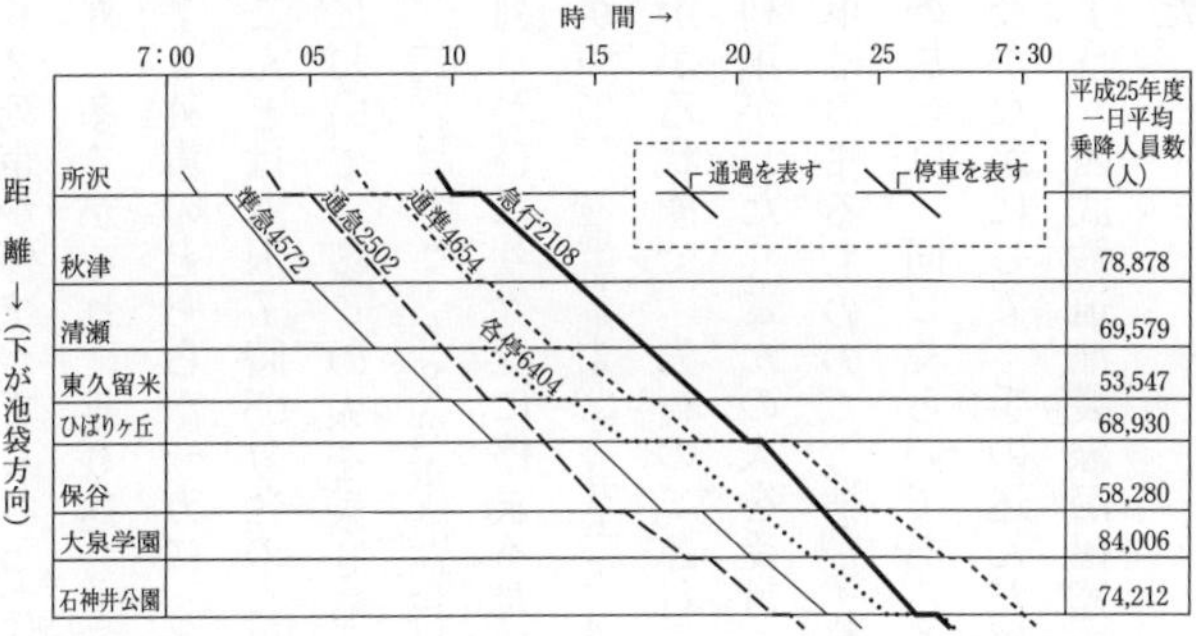

・西武鉄道池袋線 平成25年3月16日改正平日上りダイヤを基に作成。駅別一日平均乗降人員は同社サイトより
・通急＝通勤急行、通準＝通勤準急、各停＝各駅停車
・事例としてあげた列車の前後を走る列車は省略

の駅を凌《りょう》駕《が》すると考えられる。

所沢を7時02分に発車する「準急」４５７２列車は、次の秋津でたくさんの人を飲み込むはず。その「準急」４５７２列車は、ひばりヶ丘で「通勤急行」２５０２列車を待避して道を譲る。ここでは「通勤急行」２５０２列車は通過となるため、「準急」４５７２列車の乗客は、それに乗り移ることが叶わない。どうしても乗り移りたい人は、一つ手前の東久留米で降りて、「通勤急行」２５０２列車池袋行の到着を待つことになる。が、「準急」４５７２列車は、東京メトロ有楽町線直通、飯田橋・永田町・銀座一丁目方面新木場行であって利便性が高いため、そのまま乗り続ける人も多いことだろう。

乗降人員数でみて難関といえる大泉学園では、「準急」４５７２列車の直前を走る「通勤急行」２

502列車が停まってくれるため、ホームにたまっていた乗客は、有楽町線方面へ向かう人以外、多くがそれに乗り込むと考えられる。結果、「通勤急行」2502列車と「準急」4572列車のどちらか一方に、乗客が集中する事態は回避されるであろう。

こんどは所沢7時08分発の「通勤準急」4654列車池袋行を見てみよう。この列車も秋津において、多くの人を乗せるはずだ。「通勤準急」4654列車もやはり、ひばりヶ丘にて、「急行」2108列車池袋行を待避して、それを先に通す。が、今回は、「急行」2108列車がひばりヶ丘に停まるため、秋津衆他大多数の人がそちらに乗り移るに違いない。したがって、「通勤準急」4654列車はそこそこ空《す》くだろう。

かかる状態で、先行の「急行」2108列車が通過する大泉学園では「通勤準急」4654列車が、たくさんの人を受け入れる。大泉学園の次の駅、石神井公園に「急行」2108列車は停まるものの、「通勤準急」4654列車は通過する。おそらくは、両列車ともに混雑の具合は、同じぐらいであろう。

なかなかにして、手の込んだ緻密《ちみつ》な列車ダイヤではないか。まさに日本人の面目躍如といえよう。西武鉄道池袋線が伊達や酔狂で列車種別が多いわけではないこと、これでよくわかった。

なお、千鳥式運転の実践には、列車ごとの速度差を縮める効能もある。急行列車による緩行列車の追い越しを極力少なくして、平行ダイヤに近づければ、過密な朝のラッシュ時でも、増発の余地は出てこよう。

四　千鳥式運転の元祖

表向き路面電車として開業した阪神電車

千鳥式運転を我が国で最初に実践したのは、都市間連絡電車（インターアーバン）の草分けとして高名な、阪神電気鉄道とされている。採用のいきさつについては、後ほどふれることにして、話は少し脱線するけれど、その阪神電車が産声をあげた当初の様子を、ちょっとばかし覗《のぞ》いてみることにする。

時は明治三八年四月一二日、大阪の出入橋《でいりばし》と神戸（三宮）を結んで開業した阪神電気鉄道。で、そのルートだが、並行する官設鉄道（国有鉄道）が古くからの中国・西国街道筋よりも北へ大きく外れたところを通り、大阪～三ノ宮間の途中の駅も、神崎（現・尼崎）、西ノ宮（現・西宮）、住吉の三つだけだったのに対し、阪神電車のほうは、街道筋の主要集落をこまめに縫って進む恰好《かっこう》となり、中間の停留場も三二箇所を数えていた。

そこを上り下りともに朝の五時から、夜の二二時までの間、一二分間隔で電車を走らせ、出入橋〜神戸（三宮）間の所要時間も、停留場が多いにもかかわらず、わずか九〇分でしかなかった。もっとも、これは表向き、実際は八〇分以内であったという。

かたやの官設鉄道はといえば、各駅に停車する（といっても途中三駅だが）普通列車（もちろん蒸気機関車が牽引《けんいん》）が、大阪と三ノ宮の間を五五分から六〇分程度で走ってはいたものの、運転本数は一、二時間に一本程度。また、官設鉄道の途中駅は、いずれもが街道筋の集落から離れていたため、三二箇所もの停留場を各集落最寄りに用意する、阪神電車に乗客が殺到するのは、しごく当然の話といえよう。

それでも満足することはなく阪神電気鉄道は、さらなる乗客獲得のため、スピードアップに精を出す。開業直後の五月、運転間隔を一〇分に短縮、出入橋〜神戸（三宮）間の所要時間を正式に八〇分とするのを皮切りに、九月には九分間隔運転の所要時間七二分として、ますます利便性を向上させていった。

さらに、である。明治四〇年一一月には、六分間隔で阪神間の所要時間六六分運転を実現、そして、明治四三年一〇月に六三分、大正三年九月に六二分という具合に、以降も小刻みながら、運転時分は切り詰められていく。

一方、明治三九年一二月二一日には、大阪側のターミナルを出入橋から、より都心に近い梅田に変更、アクセス面での利便性も高められた（神戸側のターミナルも、大正元年に三宮から少し南に下った滝道となるが、昭和八年の岩屋〜三宮〔現・神戸三宮〕間地下線開通により、再び三宮に戻る）。ここまでされれば官設鉄道は、もう、ぐうの音も出なかろう。

ところで、この阪神電気鉄道、社名にこそ〝鉄道〟の文字は躍るものの、法規上はあくまでも「軌道条例」（「軌道法」の前身）に準拠した「軌道」であった（むろん現在は「鉄道事業法」準拠の「鉄道」である）。官設鉄道に並行する「鉄道」は認められにくかったためだが、よって、電車の最高速度も時速八マイル（約一二・八キロメートル）に制限されていたはず（「軌道」とは元来、道路上に線路を敷設する馬車鉄道や路面電車などであるが、阪神電気鉄道の場合、「軌道条例」の拡大解釈により、道路上を走る区間はごく僅《わず》かにとどまって、大部分は専用の敷地に線路を敷いた新設軌道となっていた）。

お上の鉄道を尻目にスピード違反

時速八マイルという制限速度ならば、電車は出入橋〜神戸（三宮）間一九マイル一チェーンを二時間以上かけて走らなければ、つじつまが合わない。そう、実際の運転では、法令による制限速度なんぞは、無視していたのである。

そもそも「軌道条例」が規定する最高速度は、路面電車を想定したものであって、大部分が新設軌道の阪神電気鉄道にとっては、現実的にまったく意味を成さない。だから、端《はな》から法定速度なんか守る気はなかったようだ。

とはいえ、開業当初でも出入橋〜神戸（三宮）間八〇分運転では、誰が見ても制限速度オバーは明白である。当然、劣勢の官設鉄道関係者、すなわち運営母体、逓信省鉄道作業局の役人らが阪神電車に乗り込んで、実地検分のうえ、監督官庁（内務省）へ通告したりもする。

まあ、当時の電車にはスピードメーターはなく、また「スタフ」と呼ばれる運転士の携帯時刻表に記載される主要停留場名も、「西宮」を「N」と表示するなど、多少の小細工を施していたので、官設鉄道側も確たる証拠は、得られにくかったのだが（「スタフ」という鉄道用語は、法規上は単線区間における非自動の閉そく方式のひとつである「スタフ閉そく式」（旧国鉄が用いた呼称は単に「通票式」）で使われる通票を指すが、阪神電気鉄道や阪急電鉄など関西私鉄の一部では、伝統的に運転士の携帯時刻表を「スタフ」と呼んでいる）。

ただ、〝確たる証拠〟がなくとも、通告を受けたその筋から阪神電気鉄道に、速度違反に対するお咎《とが》めが、ときたまあったという。が、乗客の要望に応えるため、できるだけ速く走ることを心掛けている、と、阪神電気鉄道は毎度毎度、うまくかわしたようである。このあたりが、お上何するものぞ、といった関西気質なのだろうか。

需要増に応える方策を編み出す

ともあれ、阪神電気鉄道が実現させた「軌道条例」による高速電気鉄道の敷設は、他方面に多大な影響を与え、これ以降、同条例をうまく利用した国有鉄道の競合路線が、全国各地に誕生していくのだった。

で、その後の阪神電車だが、阪神間の需要に限ってみれば、官設鉄道変じた鉄道院線（運営母体が鉄道院であった時代の国有鉄道線の俗称、後の鉄道省時代は鉄道省線もしくは省線）はもはや敵ではなく、ほぼ独占状態が続いていく。激増する輸送需要に対し、車両数は不足ぎみで、大正八年には問題打開のため、画期的な運転方式が編み出される。

梅田～尼崎間を一号区、尼崎～西宮間を二号区、西宮～御影《みかげ》間を三号区、御影～神戸（滝道）間を四号区という具合に、全線を四区に分け、電車に「一‐三」「二‐四」「一‐二‐四」などの符号をつけて、各電車はそれぞれに与えられた符号の区内停留場にしか停車しないという運転方式である。

例えば、「二-四」という符号を掲げた電車ならば、停車するのは、下りの場合、梅田を出ると尼崎〜西宮間の各停留場、および御影〜神戸（滝道）間の各停留場となる。これにより、途中からの乗客は分散乗車となって、結果、電車の増結（連結車両を増やすこと）を回避できるだけでなく、所要時間や運転間隔も縮められ、車両の運用効率（回転率）も上がるという仕掛けだ。

お察しのとおり、「千鳥式運転」のことはじめである。

五　「特急」停車駅を通過する「快速急行」

直通運転から生じる困難

「千鳥式運転」の本家本元、阪神電車であったが、さて、今でもそれは行われているのだろうか。

図5は、阪神電気鉄道本線の列車種別と停車駅を示したものである。見てのとおり、平日の朝ラッシュ時に上りのみ運転の「区間特急」と、平日の朝ラッシュ時は甲子園通過となる

上りの「直通特急」が、見事なまでの「千鳥式運転」を披露している（平日の朝ラッシュ時には「特急」の運転はない）。

西宮に尼崎といった、一日平均乗降人員数がトップクラスの途中駅を、「区間特急」はあっさりと通過してしまうあたりが、本家本元の面目躍如といえようか。この両駅を通過する代わりに、「直通特急」が朝は停まらない甲子園（統計では尼崎、西宮よりも一日平均乗降人員数が多い。さては、タイガース応援団の乗降が利いているのか？）に停車するところが、またニクい点。さぞや御乗客も、分散乗車となっていよう。

他方、「直通特急」「特急」が停まる御影を、下位であるはずの「快速急行」が通過するが、これに関しては、理由がちょっとばかし異質だ。

「快速急行」は、阪神電気鉄道の神戸三宮と近畿日本鉄道の近鉄奈良を結ぶ、私鉄二社の相互直通運転の系統であって、当然ながら〝相互〟だから、運用される車両は阪神車

阪神の「快速急行」は「特急」停車駅の御影を通過する

と近鉄車の二種類が存在する。で、この相互直通運転において特徴的といえるのが、双方の車両のサイズが異なっている点。

阪神車は、一両の長さが約一九メートルなのに対し、近鉄車のほうは、約二一メートルと少々ロング。編成両数は、阪神本線内は六両ゆえに（阪神なんば線および近鉄線内では八両、もしくは一〇両となる「快速急行」もあり、尼崎で二両ないし四両、増結車の連結・切り放しが行われる）、列車の全長は、阪神車を使用するものは約一一四メートル、近鉄車は約一二六メートルとなる。

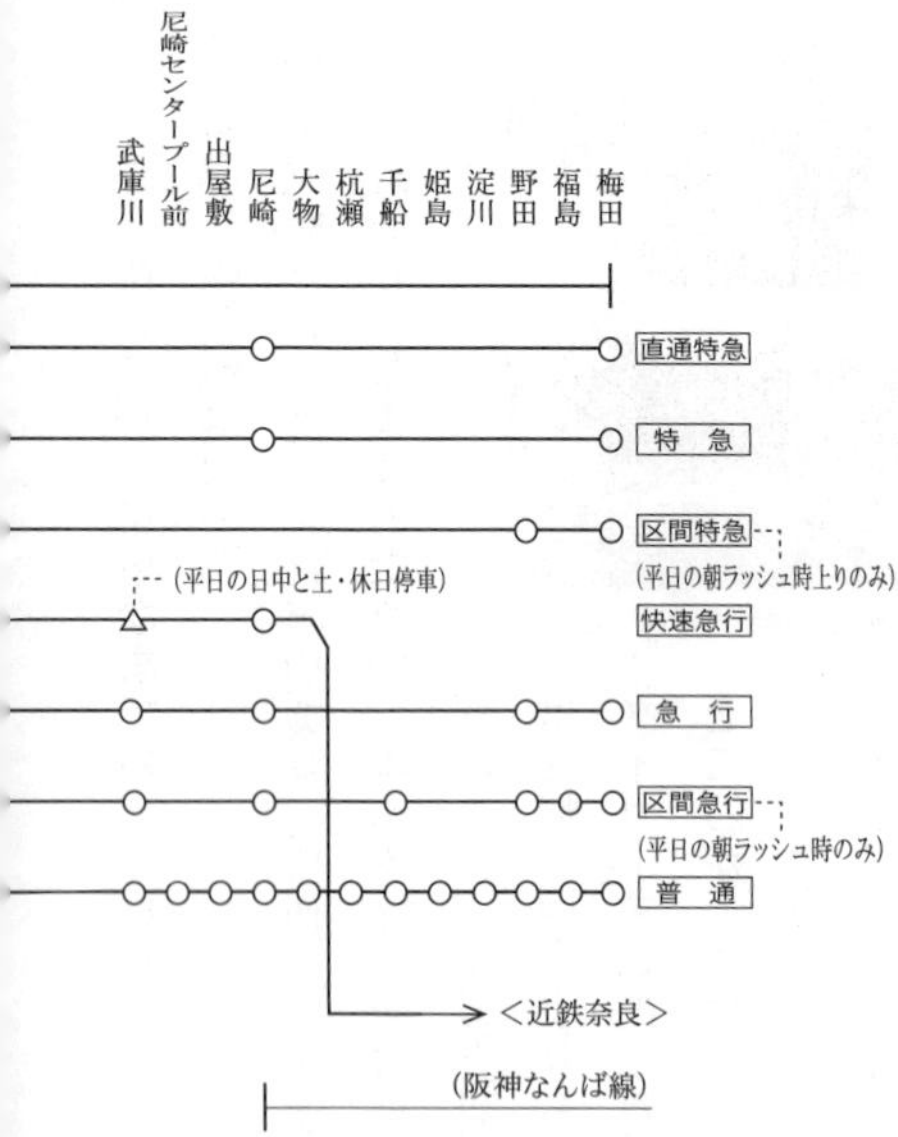

両者の一二メートルの差が、「快速急行」をして御影を通過させる原因の一つなのであった。

阪神本線の主たる駅では、相互直通運転開始前に、この一二メートル分、ホームを延長した

図5　阪神電気鉄道本線　列車停車駅概要

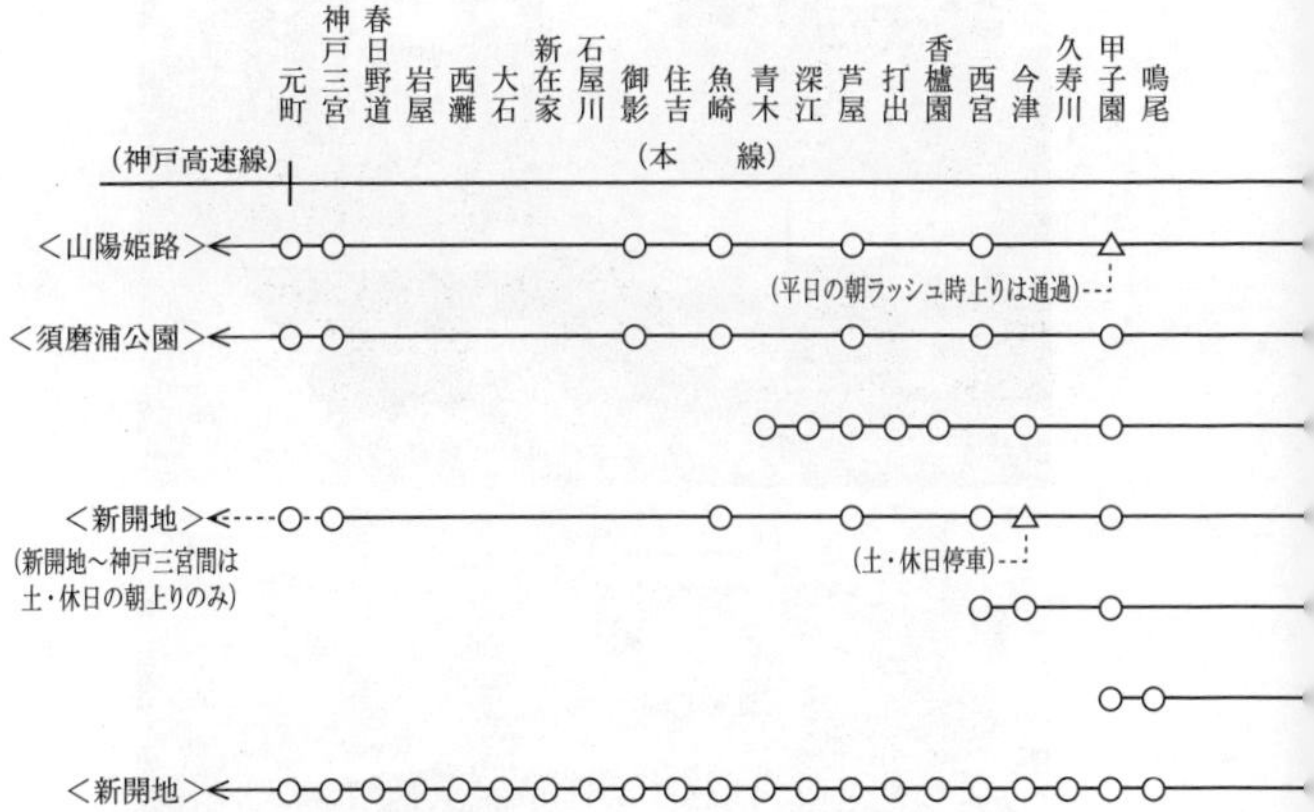

※神戸三宮以西を走る山陽S特急は省略
※阪神なんば線を走る準急 区間準急は省略

のだが（阪神本線の最大列車長は一九メートル車六両だった）、御影はそれが叶わなかった。なぜだろう。

御影は高架駅で、ホーム両端が急カーブにかかっているうえに、そのホーム両端の幅員も、用地が手狭なことから、極端に狭くなっている。

ホームを延長するには、新たに用地を買収して、高架橋の幅を広げ、カーブも緩くしなければならない。それは構造物自体を作り直すほどの大工事となってしまおう。六甲山への玄関口

近鉄車と阪神車とでは車両の長さが異なっている

御影駅のホーム先端部分

として機能する駅なのだが、乗降人員も西宮の半分程度と、さほど多くもなく、ホームの延長は見送られたという次第。

表示カラーを変えるニクい小技

ところで、鉄道会社の多くは、列車種別個々にシンボルカラーを与えている。私鉄の傾向としては、「特急」は赤色、「急行」は橙色または青色、「快速」は水色、「準急」は緑色、「普通」は紺色もしくは黒色、が多いような気がする。むろん、停車駅の案内図や、車両に備わる種別表示器の文字色（白ヌキ文字の場合は地色）なども、可能な限り与えられたシンボルカラーを用い、視覚的にわかりやすくして、乗り間違いの防止に努めていることはご承知のとおり。

当然ながら、阪神電気鉄道にしても近畿日本鉄道にしても、そうしている（阪神電車の場合、停車駅案内を見れば、「直通特急」「特急」が赤色、「区間特急」が紫色、「快速急行」が水色、「急行」が橙色、「区間急行」が黄色、「準急」が緑色、「区間準急」が若草色、「普通」が紺色となっている〔「特急」はピンク色を使う場合もある〕。一方、近鉄は奈良線の場合、「快速急行」は赤色、「急行」は橙色、「準急」「区間準急」は緑色、「普通」は紺色を使用する。なお、「特急」は有料列車なので別枠的な扱い）。

阪神と近鉄の相互直通運転において、ホームの延長問題ほどではないにしても、少々困ったのは、両社で「快速急行」に与えているシンボルカラーが違っていることだった。阪神が水色なのに対し、近鉄は赤色ときている。

それをそのままとすれば、同じ「快速急行」でも表示が、阪神車の種別表示器では地色が水色、近鉄車の種別表示器では地色が赤色となってしまい（双方とも白ヌキ文字で「快速急行」または「快急」と表記）、紛らわしくて乗り間違う人、続出しそうではないか。近鉄では、水色のシンボルカラーを使用していないから、まだ救われようが、阪神側では赤色は

赤地に白ヌキ文字で「特急」を表示した阪神車

「直通特急」のシンボルカラーゆえ、混乱は必定といえる。

で、この問題、どう解決したかであるけれど、双方の車両ともに、阪神・近鉄の境界駅大阪難波と、その一つ手前の阪神側の駅、桜川との間を走行中に、表示を変えることで一件落着（大阪難波は阪神・近鉄の共同使用駅だが、管理は近鉄側が行っている）。

阪神線と近鉄線をまたぐ直通の「快速急行」は、桜川～大阪難波間を走行中に種別表示が変わる

阪神方面から近鉄方面へ向かう「快速急行」は、桜川を発車したところで、水色地の表示を赤地の表示に変更、大阪難波に着けば近鉄スタイルとなっている。近鉄方面から阪神方面へ向かう「快速急行」も、大阪難波を発車したら表示を赤地から水色地に変えて、桜川に着けば阪神スタイルであるという仕掛け。

列車の種別自体が相互直通の相手線内で変わる場合（例えば、会社境界で「準急」から「急行」に変わるなど）ならば、それは表示も変えなければならないが、種別はそのままで表示の地色だけを変更するという例は珍しい。関西私鉄特有のこだわりの強さ、いや、きめ細かさの片鱗《へんりん》を垣間《かいまみ》見る思いである（種別表示の地色だけを変えるというのは、後述の東京メトロ副都心線と東急東横線の相互直通運転でも一部の車両で見られるが、その例は全国的にも少ない）。

六　名鉄のお家芸〝特別停車〟

時間帯で停車駅を変える

何かと、ややこしい阪神の「快速急行」だったが、その停車駅が時間帯によって、あるいは平日と土曜・休日で変わるという点も、また見逃せない。

武庫川《むこがわ》は平日の日中と土曜・休日に停車、今津は土曜・休日のみ停車となっている。これも、よそ者は戸惑う事象といえようか。

この「快速急行」で、最も停車駅が少なくなるのは、平日の朝夕ラッシュ時である。尼崎〜神戸三宮間に絞って見てみれば、途中停まるのは、甲子園、西宮、芦屋、魚崎の四駅となる。なんと、「直通特急」（平日朝の上りを除く）「特急」の同区間における停車駅、甲子園、西宮、芦屋、魚崎、御影の五駅より少ない。すなわち、時間帯限定ではあるけれども、上位列車よりも下位列車のほうが停まる駅が少ない、といった奇っ怪な現象が生じているというわけ。さらにほざけば、「快速急行」の停車駅が「区間特急」のそれよりも遥《はる》かに少ないというあたりも、なかなかニクい。

かように、ある列車種別において、時間帯により停車駅が違ってくる展開の本家本元は、名古屋鉄道（名鉄）ではないだろうか。

手許に『名鉄時刻表Ｖｏｌ．26』（２０１１年12月17日号）があるので、紐といてみれば、名鉄には「ミュースカイ」「快速特急」「特急」「快速急行」「急行」「準急」「普通」という列車種別があって（一部略称）、線区ごとの「標準停車駅案内」が、巻頭を飾っている（図6）。

図6　『名鉄時刻表 Vol.26』掲載の「標準停車駅案内」

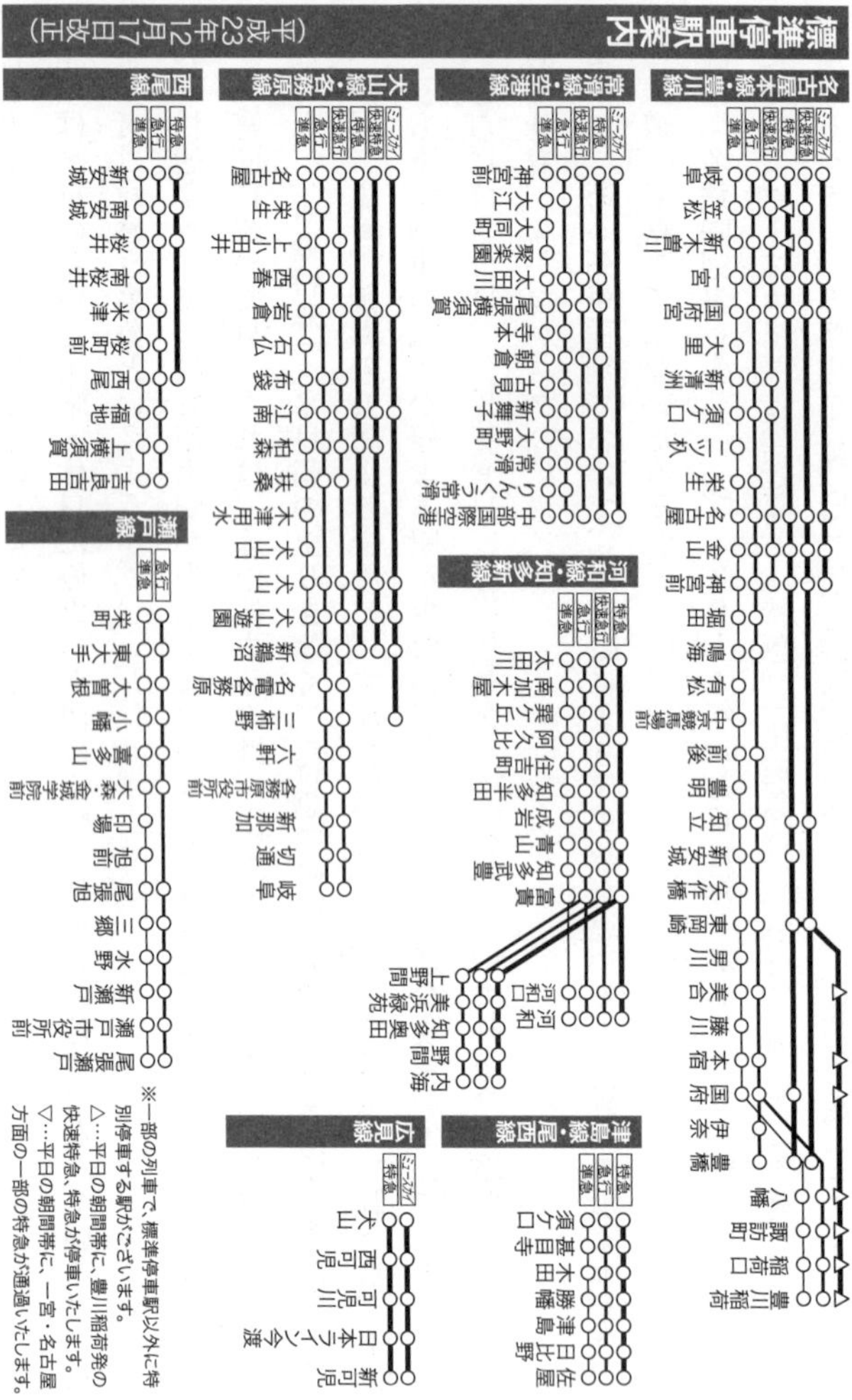

〃標準〃と頭に付くところからして、なんとなく怪しげだが、その案内図を見れば、名古屋本線の笠松と新木曽川の両駅が、「特急」停車駅にもかかわらず、平日の朝、上りの一部「特急」が通過となる。

一方、名古屋本線の美合《みあい》と本宿《もとじゅく》は通常、「快速特急」「特急」は通過だが、平日の朝に限って、豊川線豊川稲荷始発の下り「快速特急」「特急」が停車する。国府《こう》という駅も、「快速特急」は普段通過なのに、平日の朝は豊川稲荷始発の下り「快速特急」が停まることが、図に示されている（「標準停車駅案内」には示されていないものの、時刻表本文を見れば、平日の朝は名古屋本線豊橋始発の下り「快速特急」の一部も国府に停車している）。

名鉄の「快速特急」は平日の朝に特別停車がある

例外だらけでどこに停まるかわからない

四五〇キロ近い路線網を誇る名鉄ゆえに、この程度のことならば、〃本家本元〃という程のものでもないではないか、と、思われよう。が、「標準停車駅案内」の片隅にある、〝※一部の列車で、標準停車駅以外に特別停車する駅がございます。〟という注記を見落としてはならない。そう、停車駅の案内図では示されていない、本来ならば通過するはずの列車が時間帯によっては特別停車する駅が、路線網の随所に潜んでいる次第。

確かに、名鉄電車に乗ると「この電車は急行ですが○○にも停まります」といった車内放送を、よく耳にする。そして、名鉄名古屋駅の発車時刻表を同社のホームページで眺めれば、各方面ともに列車発車時分の数字に、〝ア〟とか〝イ〟とか〝ウ〟などのカナ文字が添えられ、備考欄には、ア：○○停車、イ：△△停車、ウ：××停車、というふうな注意書きが示されている。その数、半端でなく多いから、また堪《たま》らない。

名鉄名古屋駅発東岡崎・豊橋方面の平日時刻表を例にあげれば、〝ア：伊奈停車　イ：国府停車　ウ：美合停車　エ：矢作橋《やはぎばし》停車　オ：豊明停車　カ：豊明・北安城停車　キ：有松停車　ク：鳴海停車　ケ：鳴海・伊奈停車　コ：本笠寺《もとかさでら》停車〟といった具合。これだから、「標準停車駅案内」を見ただけでは、どの列車がどの駅に停まるのか、本当のところはよくわからないということだ。

かかる隠れ〝特別停車〟の実例を一つ見てみよう。

名鉄名古屋から犬山方面行きの電車に乗れば、栄生《さこう》、東枇杷島《ひがしびわじま》と進んで、その先の枇杷島分岐点という箇所（線路の分岐部）で名古屋本線から犬山線に入り、以降、下小田井《しもおたい》、中小田井、上小田井と駅が続いていく。

「急行」で行けば、名鉄名古屋を出て栄生に停まり、次は上小田井まで停まらない。けれども、平日の朝は、三本だけ犬山方面行の「急行」が下小田井と中小田井に特別停車する。また、逆方向の名鉄名古屋方面行の「急行」も、平日の早朝に一本だけ、この両駅に特別停車となる。

面白いことにも、下小田井も中小田井も「準急」は停まらず、特別停車する「急行」の前後を走る「準急」も、掟通りに両駅を通過しているので、またしても、よそ者には誠にもってわかりづらい。

この妙な「急行」の下小田井、中小田井特別停車には、それなりの訳がある。実は、名鉄の中心駅、というか最大の拠点駅である名鉄名古屋駅の佇《たたず》まいが、これに大きく関与しているのであった。

名鉄の路線網は、各地からの線路が名鉄名古屋の一点をめがけて集まり、そこを通り過ぎれば、また各地へ散っていく、というような格好である（図7）。その最も列車が集中する

名鉄の「急行」は乗車の際、停車駅の確認が重要だ

であろう名鉄名古屋駅の構造が、線路は上り線と下り線が一本ずつしかないという心細いもの。結果、ここだけは、朝から晩まで一日中、過密なダイヤを余儀なくされている。

で、朝のラッシュ時などは、どうしても利用者の多い「特急」や「急行」を増やさねばなるまい。だが、名鉄名古屋が右のような有様だから、その代わりに「普通」の本数を減らすこととなる。平日ダイヤを見ると、下小田井も中小田井も日中から夜にかけては、毎時四本の「普通」が停車している。が、朝のラッシュ時は、これが毎時三本に減ってしまう。この本数減を補うため、「急行」を

図7　名古屋鉄道路線図

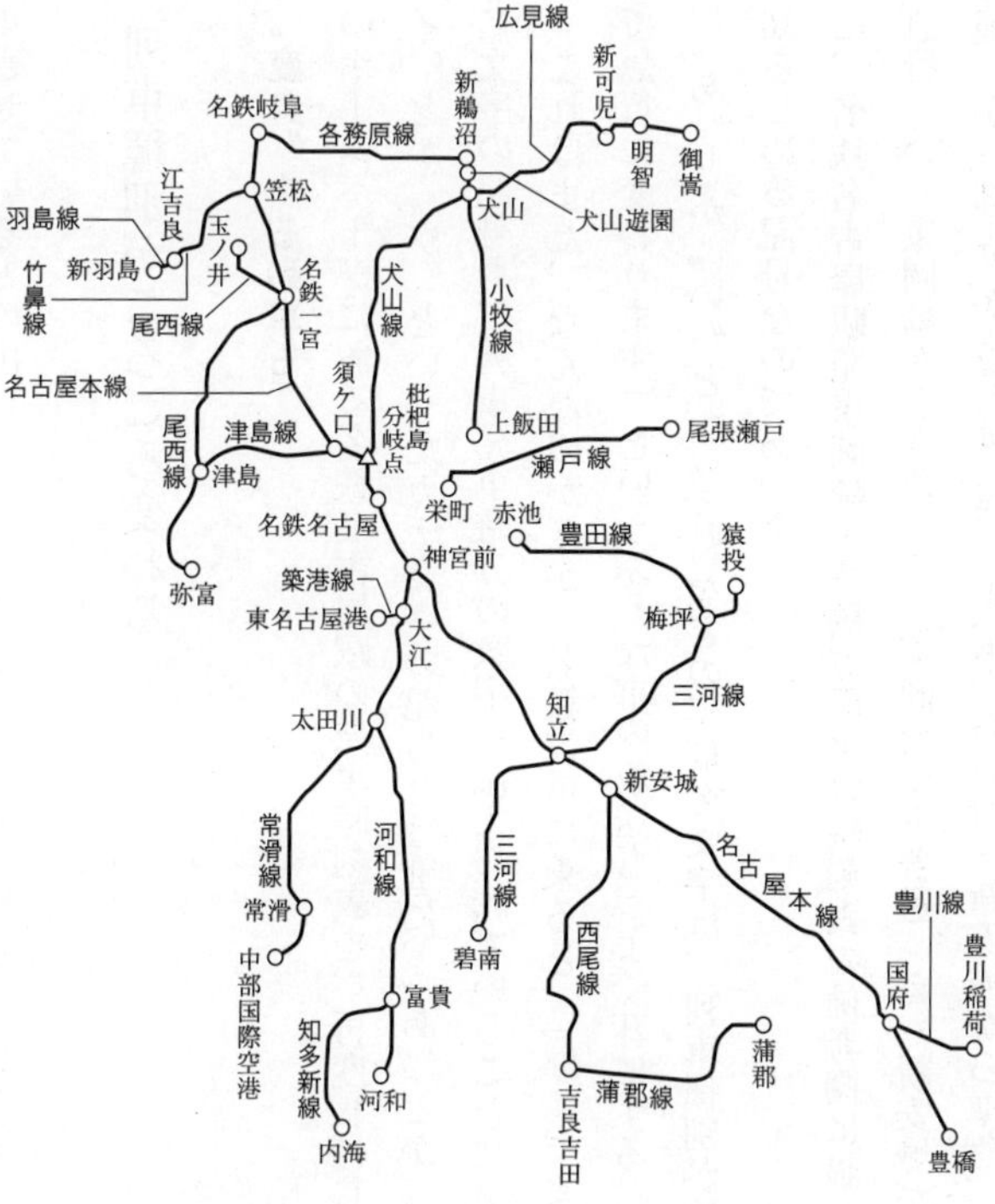
広見線
新可児
明智
御嵩
新鵜沼
犬山
犬山遊園
名鉄岐阜
各務原線
笠松
江吉良
羽島線
新羽島
竹鼻線
玉ノ井
尾西線
名鉄一宮
犬山線
小牧線
名古屋本線
須ケ口
枇杷島分岐点
上飯田
尾張瀬戸
瀬戸線
栄町
津島線
尾西線
津島
弥富
名鉄名古屋
赤池
豊田線
猿投
神宮前
築港線
東名古屋港
大江
梅坪
三河線
太田川
知立
新安城
常滑線
常滑
中部国際空港
河和線
三河線
碧南
名古屋本線
豊川線
豊川稲荷
国府
西尾線
富貴
知多新線
河和
内海
吉良吉田
蒲郡線
蒲郡
豊橋

特別停車させているとの由。

七　列車種別がころころ変わる

途中で〝変身〟する列車も

名鉄のホームページにある名鉄名古屋駅の発車時刻表を、再度しげしげながむれば、〝ア〟とか〝イ〟とか〝ウ〟といったカナ文字の記号とは別に、〝あ〟とか〝い〟とか〝う〟などの平仮名文字の記号も、列車発車時分の数字に添えられていることに気がついた。

はて、これはまた、なんなのかだが、名鉄電車に乗ると、「準急でまいりましたが、次の東岡崎で急行に変わります」というふうな車内放送も、よく耳にする。

そう、〝あ〟とか〝い〟とか〝う〟などの平仮名文字は、列車種別が途中で変わることを、旅客に知らしめる記号なのであった。

試しに、名鉄名古屋駅発東岡崎・豊橋方面平日時刻表の備考欄に眼をやれば、〝あ：東岡崎から急行　い：東岡崎から準急　う：東岡崎から普通　え：新安城から準急　お：新安城から普通　か：知立《ちりゅう》から普通　き：鳴海から急行・新安城から準急、く：鳴海から普通〟

という具合に注記が並んで、こちらはこちらで、なかなか賑々しい。

圧巻なのは〝き〟の記号、これが付く列車は、この先の道中において二回も種別が変わるではないか。

変身三回と特別停車二回の強者

名鉄名古屋駅の発車時刻表（平成二三年一二月一七日改正の平日ダイヤ）で当該列車を探せば、同駅を7時28分に発車する「普通」吉良吉田行がそれである。忠臣蔵では悪役ながらも、領地では名君として領民に慕われた吉良上野介ゆかりの地へと向かう列車だが、この列車、〝き〟の記号に加えて、豊明・北安城停車を表す〝カ〟の記号も添えられている。けっこう、ややこしそうだ。

件の『名鉄時刻表Ｖｏｌ．26』で〝この列車〟の軌跡を探れば、始発は名鉄岐阜で、同駅6時16分発の各務原《かかみがはら》線経由「急行」吉良吉田行でスタートする。新鵜沼《しんうぬま》からは犬山線を進み、枇杷島分岐点で名古屋本線に入って名鉄名古屋7時28分着。ここで種別を「急行」から「普通」に変更して、すぐに発車。7時51分着の鳴海で再び種別を「普通」から「急行」に変え、7時55分発、「急行」通過駅の豊明に特別停車の後、新安城8時15分着。「急行」より

「準急」へ三度目の種別変更を行って、即発車、西尾線に分け入り「準急」通過駅の北安城に特別停車、さらに走って終点の吉良吉田には8時45分に到着する。なかなか波瀾万丈《はらんばんじょう》な歩みといえよう。

要約すれば、名鉄岐阜―「急行」→名鉄名古屋―「普通」→鳴海―「急行」→新安城―「準急」→吉良吉田、といった変容ぶりであるけれど、名鉄名古屋〜鳴海間を「急行」のまで走れば、ややこしさもだいぶ緩和されそうだ。が、そうもいかないようである。

またしても名鉄名古屋駅の構造問題が関わっていそうだが、鳴海付近でこの列車の前後を走っているのは「特急」「急行」「準急」ばかりで、もしも、〃この列車〃を「急行」のまま走らせてしまえば、鳴海の手前に存する呼続《よびつぎ》、桜、本笠寺、本星崎《もとほしざき》という「普通」しか停まらない四駅では、約三〇分間も列車が来ないという悲惨な事態が生じてしまう。

ちょうど通勤・通学客の多い時間帯であって、それは流石にまずかろう。「急行ですが、呼続、桜、本笠寺、本星崎にも停まります」といった、四駅連続の特別停車とするのも不細工だから、種別自体を一時的に「普通」に変える手筈としたに違いない。

かように名鉄では、特別停車と種別変更という手を駆使し、途中の中小駅利用者の利便性向上に尽力しているわけだが、それがあまりにもきめ細かすぎて、よそ者にはさっぱりわからない電車となってしまっているのが実にニクい。

列車種別と、その停車駅のややこしさを愉しむならば名鉄に限る、である。

八　パターンが様々な副都心線の二段変身

変身など当たり前⁉

列車種別と停車駅の設定というやつは、それぞれの鉄道会社の施策や思惑が色濃く反映するものである。ゆえに、複数の鉄道会社が絡むことだから当然な面もあろうが、首都圏では、横浜高速鉄道みなとみらい線（正式線名は「みなとみらい21線」）〜東京急行電鉄（東急）東横線〜東京地下鉄（東京メトロ）副都心線〜西武鉄道西武有楽町線・池袋線／東武鉄道東上線（くどいようだが、既述のとおり正式線名は「東上本線」）の五社相互直通運転（図8）において、列車種別がコロコロ変わる醍醐味《だいごみ》を、存分に満喫できる。

まず、この相互直通運転に関わる直通列車の種別を、会社ごとに見てみよう（平成二六年三月一五日改正ダイヤによる。なお、副都心線直通列車に関係しない種別は省略）。

図8　横浜高速～東急～東京メトロ～西武／東武（東上線）
5社相互直通運転区間概要

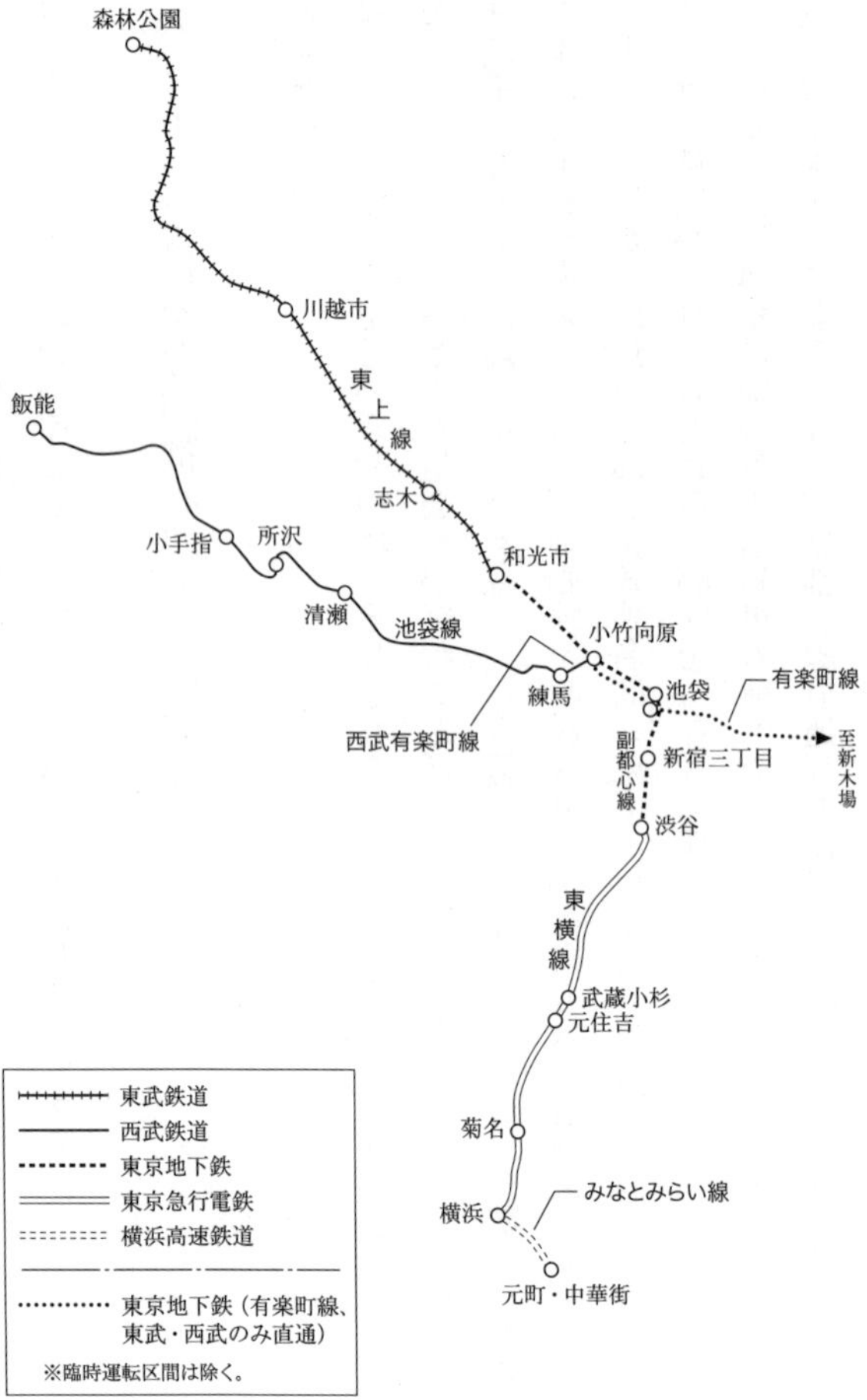

副都心線絡みの相互直通運転では、種別がよく変わる列車が多い

・横浜高速＝「特急」「通勤特急」「急行」「各駅停車」
・東急＝「特急」「通勤特急」「急行」「各駅停車」
・東京メトロ＝「急行」「通勤急行」「各駅停車」
・西武＝「快速急行」「快速」「準急」「各駅停車」
・東武＝「普通」

なるほど、横浜高速と東急だけは列車種別が一致するけれど（みなとみらい線は東横線の延長のような運行形態のため）、他はまちまちである。これならば、会社境界駅の渋谷、小竹向原《こたけむかいはら》、和光市で種別を変更しなければならない列車が、たくさん出てきてもおかしくはなかろう。

実際、そうなる例は枚挙に遑《いとま》がない。

朝夕を除く日中に数多く設定されてい

る、横浜高速〜東急〜東京メトロ〜西武の四社を通す元町・中華街〜小手指または飯能間の速達列車は、横浜高速・東急線内が「特急」、副都心線内が「急行」、西武線内が「快速急行」となるのが基本である。

一方、同様に平日の日中、多く見られる、横浜高速〜東急〜東京メトロ〜東武の四社を通す元町・中華街〜川越市間の速達列車も、横浜高速・東急線内は「特急」、副都心線内は「急行」、東武東上線内は「普通」という具合に変化する。

この例だけを見てもややこしそうだが、朝夕には、さらなる様々な種別変更のパターンが現れて、ひとつとして同じパターンの列車がないような様相を披露するから、いよいよもう、ぐうの音も出なくなる。

平成二六年三月一五日改正ダイヤから、二段変身の列車だけをピックアップして、具体例をいくつか書き出してみよう。

・横浜高速・東急線内「特急」〜副都心線内「急行」〜西武線内「快速」
・横浜高速・東急線内「特急」〜副都心線内「急行」〜西武線内「各駅停車」
・横浜高速・東急線内「通勤特急」〜副都心線内「急行」〜西武線内「快速」

・横浜高速・東急線内「通勤特急」〜副都心線内「急行」〜西武線内「準急」
・横浜高速・東急線内「通勤特急」〜副都心線内「急行」〜西武線内「各駅停車」
・横浜高速・東急線内「急行」〜副都心線内「各駅停車」〜西武線内「快速急行」
・横浜高速・東急線内「急行」〜副都心線内「各駅停車」〜西武線内「準急」
・横浜高速・東急線内「特急」〜副都心線内「通勤急行」〜東武東上線内「普通」
・横浜高速・東急線内「通勤特急」〜副都心線内「通勤急行」〜東武東上線内「普通」
・横浜高速・東急線内「通勤特急」〜副都心線内「各駅停車」〜東武東上線内「普通」
・横浜高速・東急線内「急行」〜副都心線内「通勤急行」〜東武東上線内「普通」
・横浜高速・東急線内「急行」〜副都心線内「各駅停車」〜東武東上線内「普通」

ご覧のとおり、まさに名鉄も真っ青である。東武東上線では現在、東京メトロ副都心線および東京メトロ有楽町線との直通列車は、すべて「普通」としているけれども、平成二六年四月三〇日付策定の『東武グループ中期経営計画２０１４〜２０１６』を見れば、平成二八年までに実施する鉄道事業の利便性・安全性向上策の一つに、〝東上線地下鉄直通列車の速達化（急行運転）〟を掲げている。

是非ともやっていただきたい施策といえる。それの実現によって、副都心線直通列車の種別変更パターンはさらに増え、ややこしさに一層の磨きがかかりそうではないか。誠にもって愉しみである。

LEDを駆使してカラー変更

さてさて、当然ながら、会社境界駅の渋谷、小竹向原、和光市では、車両の外部に備わる種別表示器の種別変更シーンも見られるわけである（実際には駅に入る直前で変わることが多い）。で、おもしろいことにも渋谷では、阪神〜近鉄の「快速急行」よろしく、種別はそのままでも、文字の色や背景の地色の変更が行われる車両があったりするから、これまた堪えられない。

例えば、横浜高速・東急線内「急行」〜副都心線内「急行」〜西武線内「準急」という列車の場合、東急と東京メトロの境界駅渋谷で、種別表示を変更する必要はない。ところが、この列車に、東急車または西武車（双方ともにフルカラーＬＥＤ種別表示器を装備）が運用されたならば、横浜高速・東急線内の「急行」表示は赤色地に白ヌキ文字という設定なのに対し、副都心線内の「急行」表示は橙色地に白ヌキ文字という決まりゆえ、渋谷で表示を変えている。

ただし、である。変更することに変わりはないが、土曜・休日の副都心線内における「急行」表示は、橙色地に黒ヌキ文字となる。これ、平日は「急行」が通過する明治神宮前に、土曜・休日はそれが停車するため、種別表示も視覚的にはっきり区別する必要があるためだろう。

話はまだ終わらない。もしも、右の列車に東京メトロ車（赤色、橙色、緑色三色の旧式LED種別表示器を装備）が運用されたならば、横浜高速・東急線内も副都心線内も、地色は無点灯の黒色に赤文字の「急行」表示となって、表示変えはないのだが、やはり土曜・休日に関しては、副都心線内が赤色地に黒ヌキ文字の「急行」表示となるため、渋谷での変更が行われる。

ちなみに、東武車（フルカラーLED種別表示器を装備）が土曜・休日に横浜高速・東急線内「急行」〜副都心線内「急行」（〜東武東上線内「普通」）という列車の運用に入っても、前者では赤色地に白ヌキ文字の「急行」を表示、後者では赤色地に黒ヌキ文字の「急行」を表示するため、渋谷での変更がともなう（平日の副都心線内における東武車の「急行」表示は、平成二六年三月一五日改正の平日ダイヤでは、副都心線内「急行」となる列車への東武車の運用がないため、残念ながら知ることができない）。

　渋谷での種別表示の文字色、または地色の変更は、「各駅停車」の列車でも拝むことができる。横浜高速車（字幕式の種別表示器を装備）と東急車は、横浜高速・東急線内では、青色地に白ヌキ文字で「各停」と表示しているけれど、副都心線内ではこれが、灰色地に白ヌキ文字で「各停」と表示するため、渋谷での変更が生じる（横浜高速車の灰色は、かなり黒っぽい）。東京メトロ車も同様で、横浜高速・東急線内は黒地（LED無点灯）に緑色文字で「各停」と示されるのに対して、副都心線内は黒地に橙色文字の「各停」表示となる。

土曜・休日における東武車の「急行」表示の違い。上が横浜高速鉄道みなとみらい線・東急東横線内での「急行」表示、下が東京メトロ副都心線内での「急行」表示

　なお、西武と東武の車両には、横浜高速・東急線内での「各駅停車」の運用がないため（同線の「各駅停車」はホームの長さの関係から八両編成限定のところ、西武車・東武車の直通車両は一〇両編成しか存在しないため、必ず渋谷～元町・中華街間は「特急」「通勤特急」「急行」として走る）、結果、渋谷では種別自体の変更となるが（例えば「急行」↔

「各停」）、副都心線内の「各停」表示は、これがまた西武車と東武車で異なっている。前者は灰色地に白ヌキ文字、対する後者は白色地に黒色文字という具合。

かように、東京メトロ副都心線絡みの五社相互直通運転における列車種別と、その表示方法は一筋縄ではない。ここまで、〃ややこしさ〃が少々物足りない、と思われていた方も、今回だけは、そこそこ満足なされたのではないだろうか。

九　「普通」と「各駅停車」の違いとは

「普通」と「各停」は無表示だった

それにしても、以上のごとく列車種別の頻繁なる変更劇は、ＬＥＤ種別表示器の開発あったればこその、産物といえなくもない。

字幕式種別表示器だと、列車種別を変えすぎると幕が破れたり、引っかかったりして、表示不能になるということもなきにしもあらず。ましてや、昔のように表示器そのものがなくて、鉄製やプラスチック製の種別板を、車両の前面に取り付けて種別の表示を行っていた時代では、なかなか考えづらい話である。

字幕式の種別・行先表示器は、酷使すると幕がからまる恐れがあるため、メンテナンスが肝腎

種別板の交換は乗務員や駅員が行っていたのだが、前面の連結器や狭いステップにかろうじて足をかけ、電車の顔にへばり付くような恰好で交換しなければならない場面も多々あり、とくに雨や雪の日が危険で、労働組合の強い会社などでは途中駅での種別変更は、実現までひと揉《も》めもふた揉めもあったに違いない。

ＬＥＤ種別表示器ならば、乗務員室に備わる種別設定盤のボタン操作一つで、瞬時に列車種別が変えられるうえに、故障も実に少ない。誠にもって便利な世となったものである。

関西の私鉄は車両近代化後も、長らく方向板（行先表示板）・種別板を多用していた。上から近鉄、南海、阪急

往年の私鉄電車、列車種別表示のいろいろ。上段は名鉄（左）、京成（右）、中段は名鉄（揖斐線）、下段は西武（左）、近鉄（右）。名鉄にはかつて「高速」なる列車種別もあった

そういえば、かつては「各駅停車」や「普通」などの種別は、無表示が一般的であった。車両の正面に、行先を書いた方向板のみしか取り付けられていなければ、それは各駅停車だと、みんながあたりまえに思っていたのである。

「各停」とか「普通」とか書いた種別板を、わざわざ用意するのも金がかかるし、車両への掲出作業も手間ゆえ、まあ、省略は当然であろう。かかる伝統からか、その後、字幕式種別表示器が主流となっても、「各駅停車」や「普通」の種別表示に、「　」（空白または黒地に文字なし）の幕を掲出する私鉄がけっこう存在した（今も東急の田園都市線など、若干ながら例が見られる）。

種別を表示しないことで「普通」を表した例。上は東武（東上線）、下は近鉄

ところで、前の話でもお気づきのように、東京メトロ副都

心線および東京メトロ有楽町線と東武東上線間を直通運転する列車では、全区間で各駅に停車する列車においても、境界駅の和光市で、種別表示の「各停」⟷「普通」という変更が行われる。これは、東武鉄道が〝各駅に停車する列車〟に、「普通」という種別を与えているために生じる現象である（あくまでも車両の種別表示器が「普通」を表示するのであって、車掌や駅係員の案内放送では〝各駅停車〟を用いる場合もある）。

私鉄の場合、「各駅停車（各停）」と「普通」は同義語としてとらえられ、〝各駅に停車する列車〟に、どちらの種別を与えるかは、それぞれの社の好みの問題となろう。

大手私鉄における「普通」派と「各駅停車（各停）」派の面々は、次のとおり。

・「普通」派＝京成電鉄、東武鉄道、京浜急行電鉄、名古屋鉄道、近畿日本鉄道、京阪電気鉄道、阪急電鉄、阪神電気鉄道、西日本鉄道
・「各駅停車（各停）」派＝西武鉄道、京王電鉄、小田急電鉄、東京急行電鉄、東京地下鉄、相模鉄道
・「普通」「各駅停車（各停）」併用派＝南海電気鉄道

東武東上線〜東京メトロ有楽町線・副都心線間を走る各駅停車の直通列車は、会社境界の和光市駅に入る前に、「普通」⟷「各停」の表示変更を行う

関西の私鉄は「普通」を多用、上から近鉄、京阪、阪神。
なお、車内放送等では“普通車”と案内する会社も多い

「各駅停車（各停）」派は関東、「普通」派は名古屋以西の西日本という見方もできなくはないが、関東武者のお頭的存在に思える東武鉄道が「普通」派のように、双方に例外が存する。

両者を使い分ける南海

その一社、関西では珍しくも「各駅停車」を用いる南海電気鉄道が、「普通」も併用しているのには、それなりの訳がある。

同社の「普通」と「各駅停車」（車両の種別表示器の表記は「各停」）は、ある厳格な意味を持って、使い分けられているという次第。どういったことなのだろうか。

南海電気鉄道の幹線といえる路線は二つある。大阪ミナミの繁華街、難波を起点に、泉州の海沿いを走って和歌山市へと至る南海本線が一つ目（南海では列車の行先表示は「難波」を「なんば」と表記）。第一幕で紹介した往年の急行「きのくに」など、難波発着の南紀直通列車も、この南海本線を通っていた。

もう一つは、同じく難波を振り出しに、南河内の内陸部を南下、紀州へ入って弘法大師ゆかりの高野山の麓、極楽橋へと達する高野線である。

で、「普通」は南海本線の、「各駅停車」は高野線の、それぞれ〝各駅に停まる列車〟となる。ただし、である。実は、厳密にいうと、南海本線の〝各駅に停まる列車〟は、決して各駅には停まっていない。

ターミナルの難波から五つ先の岸里玉出《きしのさとたまで》までは、南海本線の複線と高野線の複線が高架上に並んで敷設されている（岸里玉出で両線は分かれ、おのおの目的地へと向かう）。西側から南海本線上り線、南海本線下り線、高野線上り線、高野線下り線という順に線路が居並ぶ複々線であり、その途中には、今宮戎《いまみやえびす》、新今宮、萩ノ茶屋、天下茶屋の四駅が存在す

南海では「普通」と「各停」を意味を持って使い分けている

る。

「天下茶屋」はお察しのとおり、豊臣秀吉が関わった茶屋に由来する名であるけれど、問題となるのは右の四駅の内、今宮戎と萩ノ茶屋には、南海本線側の線路にホームがないということ。結果、南海本線の〝各駅に停まる列車〟は、各駅に停まりたくとも、そうはできないというわけ。したがって、高野線は「各駅停車」、南海本線は「普通」と、種別を区別しているのであった。

なんとも律儀な話だが、線路の戸籍上、難波〜岸里玉出間は「南海本線」と「高野線」の重複区間ではなく、あくまでも「南海本線」となる。「高野線」は、正式には汐見橋《しおみばし》〜（岸里玉出）〜極楽橋間の線区だ（汐見橋駅は難波駅の西一キロぐらいのところに位置し、すぐそばに阪神なんば線桜川駅がある）。そして、現在、汐見橋〜岸里玉出間は、通称〝汐見橋支線〟として独立した運転系統を構成。列車は終日三〇分間隔であり、大都会ただ中のローカル線といった独特の風情を醸し出している。

余談はさておき、なるほど、難波〜岸里玉出間で高野線列車が走る線路も南海本線だと認識すれば、確かに南海本線列車は今宮戎に萩ノ茶屋と二駅も通過しているのだから、種別を「各駅停車」とするのはおこがましい。「普通」ならば、ＪＲ線でも幾つか駅を通過する普通列車が存在するから、イチャモンもつかなかろう。

なお、昔は南海本線列車にも、「普通」以外に「各駅停車（各停）」があり、難波〜天下茶屋間では高野線用の線路を走って、今宮戎、萩ノ茶屋にも停まっていたという。その名残の種別設定ともいえようか。

十　旧国鉄は「普通」と「急行」だけ？

JRは「急行」か「普通」の二種類のみ？

長々と続いた列車種別の話、殿《しんがり》は、旧国鉄〜JRの旅客列車に関する〝列車種別〟について少々。

かつての公共企業体・日本国有鉄道、そして、その旅客鉄道事業を継承した現在の北海道旅客鉄道、東日本旅客鉄道、東海旅客鉄道、西日本旅客鉄道、四国旅客鉄道、九州旅客鉄道の各社における列車種別は、旅客営業規則上から見れば、「普通列車」と、新幹線列車を含む「特別急行列車」と「普通急行列車」の総称たる「急行列車」の二種類しか存在しない。

こう書くと、「オヤ?」と思われる方も多いのではないだろうか。

前に、〝ＪＲ東海の東海道本線名古屋付近では、「特別快速」と「新快速」の競演が見られる。（中略）さらには「快速」と「区間快速」も用意されているので、まさに〝快速〟の総合商社といえよう〟などと、ほざいている。

実際、〝快速列車〟は、全国のＪＲ線にあまたの種が見られる。例えば、東京圏の中央線には、「通勤特快」「中央特快」「青梅特快」「通勤快速」「快速」を名乗る列車が走っている。関西圏のＪＲ線も負けてはいない。東海道・山陽本線（琵琶湖線・ＪＲ京都線・ＪＲ神戸線）には「新快速」「快速」があり、阪和線でも「関空快速」「紀州路快速」「快速」「Ｂ快速」「区間快速」といった役者が揃う。ＪＲ北海道の函館本線札幌付近でも「快速」と「区間快速」があるし、ＪＲ九州の鹿児島本線博多付近にいたっては、「快速」の相棒として「準快速」なる列車まで存在する。

ＪＲ線の列車種別が「急行列車」と「普通列車」しかないような物言い、何を寝ぼけておるのかと、叱られそうである。

しかるに、『東日本旅客鉄道株式会社 旅客営業規則』（基本的な事柄はＪＲ旅客鉄道六社共通）を開いてみれば、「第１編 総則」の第３条（用語の定義を記した条項）の（４）に〝「急行列車」とは、特別急行列車及び普通急行列車をいう。〟とあり、続く（５）に〝「普通

JR線では「普通」表示の列車を全国津々浦々で見かける

列車」とは、急行列車以外の列車をいう。〟と明記されている。

この営業規則の前身は、むろん『日本国有鉄道 旅客営業規則』であるけれど、昭和四三年一〇月改正以前には、きっと（4）に「準急行列車」の名も加えられていたはず。まあ、それはいいが、要するに「快速」や「〇〇快速」を名乗る列車は、全てが正式な種別は「普通列車」であるということ。

「快速」はいわば出血大サービス

ＪＲ旅客鉄道各社の場合、「特急（特別急行列車）」に乗車するには、ご承知のように運賃

（乗車券）以外に特別急行料金（特急券）が必要となり（一部の私鉄もそうだが）、同様に数はめっきり少なくなったものの「急行（普通急行列車）」に乗るのにも、運賃以外に急行料金（急行券）が必要である（既述のとおり、東武鉄道も昔はそうであった）。すなわち、特別急行・急行料金は、〝速達〟という付加価値に対して支払うお代となるわけだ。

ところが、ある線区のある区間で「特急」並み、あるいはそれ以上に速い「新快速」や「特別快速」があったとしても、その「新快速」「特別快速」には速達料は一切かからず、運賃（乗車券）のみで乗車できる（常磐線の「特別快速」のようなグリーン車連結列車で、それを利用する場合には、設備に対する付加価値料ともいえる特別車両料金〔グリーン券〕が必要となるが）。そう、ＪＲ旅客鉄道各社の列車種別は、旅客営業制度上の速達料金体系が万事の根幹を成している、といえるのである。

ＪＲ線の「普通列車」は、まあ、各駅停車的列車という見方も当然ながらできようが、速達料を別途支払う必要のない列車の総称と捉えたほうが、的を射ているやに思われる。そして、各種快速列車は、地域の特殊な事情などから生まれた、料金不要で速達サービスを行う〝出血大サービス普通列車〟と考えたら、わかりやすい。

なお、ＪＲ線においても首都圏の「快速」等運転線区で、各駅に停車する列車に「各駅停車」の名が見られるも、むろん、これも「普通列車」の一種であること、言うのも野暮かもしれない。

首都圏の旧“国電”線区のうち、「快速」を運転しているところでは、各駅に停まる列車は「各駅停車」と表示される

十一　国鉄・JRの「急行」のルーツは如何に

明治の私鉄・山陽鉄道が元祖

さて、「急行」や「快速」は、いったい何時《いつ》のころに誕生したものなのだろうか。

我が国における「急行」ことはじめ、といえそうな存在は、鉄道黎明《れいめい》期の新橋・横浜間官設鉄道で、明治一五年三月一六日に運転を始めた、途中、品川と神奈川の二駅にしか停まらない速達列車である。

〃急いで行く〃ところから、これを「急行」と名付けたと伝えられている。ただ、短距離の都市間連絡列車であって、急行料金もなかったことから、この列車を「快速」のルーツとする見方が一般的である。で、あれば、「快速」とは、なかなかにして歴史を有する列車ということではないか。

国鉄の「急行」の先祖は明治時代に産声をあげた

ただ、実際に「快速」という文字が時刻表に現れるのは、戦後も昭和三〇年代前半のこと。首都圏は中央線の「急行電車」、そして関西圏は東海道・山陽本線京都～神戸間の「急行電車」、阪和線の「特急電車」（またしても、ややこしいことに、当時の国鉄では「特急」「急行」の文字の後に〝電車〟が付くと、料金は不要であった）が変じた「快速電車」が草分けといえる（全国を走る料金不要の中距離速達列車に「快速」の表示が与えられるのは、昭和四三年一〇月）。

ならば、本格的な「急行列車」の先祖と呼べるものは、いつごろに産声をあげたのであろうか。

それは、明治二七年一〇月一〇日というのが、通説である。私鉄の山陽鉄道（現在の山陽本線他の前身。明治三九年から四〇年にかけて、幹線系主要私鉄一七社が国有化されるが、同鉄道はそのひとつ）がこの日に運転をはじめた、神戸～広島間の「急行」が、日本における最初の長距離急行列車と位置づけられている。

これが登場した時代、官設鉄道線の新橋～神戸間にも、一部の駅を通過する列車は存在していたが、基本的には「普通列車」のみの運転で、東北本線や高崎線の前身たる日本鉄道など、他の私鉄も同様であった。かかる状況下に、山陽鉄道が「急行列車」を世に送り出したのは、瀬戸内海航路との熾烈《しれつ》な競争を演じていたからだといわれている。

同社は、明治三四年五月二七日の神戸〜馬関（後の下関）間全通時に、さらに速い「最急行」まで登場させた（官設鉄道線に乗り入れ京都〜馬関間の運転）。「最急行」とは、また木訥《ぼくとつ》な名であるが、サービスアップに努める山陽鉄道の心意気は、十二分に世間へ伝わったことであろう。この山陽鉄道の「最急行」は、明治三六年一月二〇日に「最大急行」に発展、以降、日本鉄道、九州鉄道など他の私鉄においても、「急行」がお目見えする（関西鉄道は、早くも明治三一年一一月に「急行」を設定）。

旧官鉄の場合はいかに？

話は明治二〇年代末期に戻るが、山陽鉄道が「急行」を走らせれば、官設鉄道を所管する天下の逓信省鉄道局も、平然とは構えておられない。

明治二九年九月一日には、遅ればせながらも新橋〜神戸間に「急行」を登場させた。ただし、その「急行」は、まだ運賃以外に急行料金を徴収するような列車ではなかった（官設鉄道線の「急行」乗車には、新橋～横浜間など一部区間の例外を除き、〝四〇哩《マイル》以上に限り乗車券を発売〟するという規則が存在してはいたが）。では、急行料金を取る「急行列車」の登場は、何時なのか。

明治39年に登場した官設鉄道の「最急行」（写真提供：鉄道博物館）

明治三九年四月一六日、官設鉄道線新橋～神戸間に「最急行」一往復の運転がはじまる。この段階で、所管の逓信省鉄道作業局（明治三〇年八月に逓信省鉄道局は私鉄の監督行政機関となる）は「急行列車券取扱手続」を制定、はれて「最急行」に急行料金と呼べるものが、適用されることとなったわけ（「最急行」と同じく、新橋～神戸間「急行」二往復に急行料金を適用したとする説もある）。

遅れて登場の官設鉄道線「最急行」こそが、国有鉄道における急行料金を徴収する「急行列車」の元祖といえよう（主要私鉄の国有化以降、それまで国家が営む鉄道を官設鉄道〔官鉄〕と呼んでいたものが、国有鉄道という呼び名へと変わっていく)。そして「最急行」は、内閣直属鉄道院(国有鉄道の運営母体)が明治四五年六月一五日に、新橋〜下関間の「特別急行列車」へと展開させるのであった。

これ、つまり、下関〜釜山《ふさん》間の鉄道院直営関釜航路と、その先の朝鮮総督府鉄道局所管鉄道、南満州鉄道、そしてロシア経営の東清鉄道、シベリア鉄道を介する欧亜間連絡輸送の、東の要を成す本邦初の「特別急行列車」であり、まさに大日本帝国の威信を背負って、運転を開始したものなのだった。

お祭しのとおり、後に「富士」の名が与えられる、戦前日本を代表する列車の誕生である。

〃帝国の威信〃を背負ったのは、むろん、国際列車という位置付けとともに、日露戦争勝利によって、世界の一等国にのし上がった我が国の勢いを、世界に知らしめんがための「走る広告塔」の役割も、担わされたからである。

特急の元祖は〃雲の上〃の列車

したがって、車内の装飾などは、欧米人の度肝を抜く和風の豪華絢爛なものとなった。まずは客車の編成だが、両数は七両、庶民向け三等車の連結はなく(当時は三等級制)、郵便手荷物車一両、二等座席車二両、二等寝台車一両、洋食堂車一両、一等寝台車一両、展望室付き一等座席車（展望車）一両、という立派な陣容。

これだけを見ても豪勢の一言に尽きるけれども、内装は〃欧米人の度肝を抜く〃ためにもっと豪勢で、展望車の内部装飾には、網代《あじろ》天井、格《ごう》天井、吊灯籠《つりどうろう》式照明、すだれ模様の窓カーテン、日本式の欄干《らんかん》、籐椅子《とういす》などなど、ニクいまでに和風趣味をふんだんに取り入れ、二等寝台車の「二人床」（ダブルベッド）には、吉原枕の用意もあったと伝えられるから、ほんとうに鼻高々である。

さらに、である。車内の諸注意書き、例えば展望車の「此展望車は御旅行中の無聊《ぶりょう》を慰むる為特に一等旅客の御使用に供するものに之有候へは、各位の洽《あまね》く之を利用し得らるる様、時々御交代あらんことを希望致候」と記された注意札などは、当時としては異例の日本語・英語の二カ国語表記であり、その展望車特別室の書架には『日本文学全集』のほか洋書も多数取り揃えられ、車掌も英語の堪能な列車長が乗務、着用の青い腕章には、フランス語で「シェフ・ド・トラン」（「列車長」の意）と刺繍されていたとのこと。「特別急行列車」の元祖は、かように庶民には敷居の高い、荘厳な存在だったという次第。

この内地の豪勢な「特別急行列車」運転開始にともない、関釜航路には九時間半運航の急行便も設定され、大陸側でも朝鮮の釜山と満州の長春を結ぶ、直通の急行列車が登場した

（それ以前は、京城〔現・ソウル〕での乗り換えが必要だった）。欧亜連絡の極東側での列車接続体系も、盤石なものとなったわけである。

さて、話が一気に庶民的と化すが、昭和四三年以前の国鉄には、「特別急行列車」「普通急行列車」に加えて「準急行列車」も走っていたことは、既にご案内済み。

で、それの起源は、鉄道省時代の大正一五年八月一五日に、東京〜名古屋間、名古屋〜神戸間にそれぞれ一往復誕生した、停車駅、所要時間は「急行」並みで料金は不要という、大盤振る舞いの列車となる。ただ、戦時中の中断を経て、敗戦直後の復活の際には、国鉄（当時は運輸省鉄道総局直営）も厳しい台所事情から、そんな太っ腹なことは言っておられず、準急行料金が徴収される。すなわち、「準急行列車」とは、戦前は「快速」風の列車で、戦後になって文字どおりの「急行」に準じた列車に変じたという歴史。

西武池袋線の種別の多さから始まって、妙なところにたどり着いた列車種別の話は、そろそろ、ここいらへんで幕引きとさせていただく。

第三幕　直通運転はややこしい

一　日比谷線を徘徊する東武の摩訶不思議

自社線は走らず他社線を走り続ける

東京メトロ（東京地下鉄㈱）と都営地下鉄（東京都交通局）により構成される東京の地下鉄ネットワーク、その最大の特徴といえば、なんといっても郊外へと通じる私鉄線・ＪＲ線・第三セクター鉄道線との間で、大胆かつ柔軟に、列車の相互直通運転（相互乗り入れ）が執り行われている点であろう。中には、直通相手の私鉄線やＪＲ線、そして三セク線との関係があまりにも濃厚すぎて、それらと一体化しているかに見える地下鉄路線まで存在する。東京メトロ千代田線とＪＲ東日本常磐緩行線などは、まさに切っても切れぬ仲である（常磐線・綾瀬～取手間の「各駅停車」列車専用の線路を〝常磐緩行線〟と便宜上呼ぶ）。

かかる直通運転の大展開により、地下鉄でありながらも、私鉄の東武の車両が走って来たり、小田急の車両が現れたり、そうかと思えばＪＲ東日本の車両も姿を見せたりと、東京の地下は豪華絢爛、賑やかで、眺めていても決して飽きが来ない。東京メトロ千代田線にいたっては、小田急の特急ロマンスカーまで推参するではないか。このあたりが、地方から上京

東急東横線と東京メトロ日比谷線の乗り換え駅、中目黒の景。東横線は横浜高速鉄道みなとみらい線、東京メトロ副都心線、西武線、東武東上線と、日比谷線は東武スカイツリーラインと、それぞれ相互直通の縁を結んでいる関係から、中目黒駅では諸々の車両が姿を見せる

日比谷線では東京メトロ車と東武車が運用される

東武線へ直通しない東武車がよく現れる日比谷線

してきてまだ間もない方にとっては、わけがわからなくなり、東京とはなんたる奇々怪々な町なんだ、と思わせてしまう要因の一つになるのかもしれないが。

第二幕では、東京メトロ副都心線絡みの五社相互直通運転における列車種別と、その表示方法が、めっぽうややこしいことを愉しんできた。実際、異なった鉄道事業者間での列車の相互直通運転というやつは、どうしても〃ややこしい〃あれこれがつきまとうものである。

事業者個々、文化も伝統もお家芸もまったく違うわけだから、それは致し方ない面もあろうが、このややこしいことの一つに、相手線への乗り入れ車両キロは、お互いに均衡を保持するよう努めなければならない、といった掟がある。

どんな〝掟〟なのかは後ほどの説明として、地下鉄各線の利用者の間で、けっこう不思議がられているのが、東武線へ直通しない東武の電車、小田急線へ直通しない小田急の電車、JR線へ直通しないJR東日本の電車などなど、どう見ても場違いに思える存在が、地下鉄線内によく出没する件である。

具体例を示す。中目黒～北千住間の東京メトロ日比谷線、北千住側では竹ノ塚・北越谷・北春日部・東武動物公園・南栗橋方面の東武鉄道伊勢崎線（東武スカイツリーライン）・日光線と接続して、それと相互直通運転を行う関係から、東京メトロ車の他に東武車も運用される地下鉄路線である。

同線では、何故だか東武線へ直通しない中目黒発北千住行の列車でも、よく東武車が使われる。東武動物公園行とか、南栗橋行といった東武線直通列車ならば、話はわかるけれども、そうではない地下鉄線内完結運転の北千住行に、東武車が運用されるとは、誠にもって解せない話だ。

末尾のアルファベットは直通運転の印

日比谷線を走る列車の前部面および後部面を見ると、「北千住」「中目黒」などの行き先表示と並んで、「28S」とか「27T」といった二桁の数字＋アルファベットが、必ず掲げられている。これ、運用番号（運行番号）と呼ばれるものである。

定められたルールに基づき組成された一組の車両編成を、出庫から入庫までの間、どの便（列車）に順々に充当していくのか行程・行路を一日単位（都市圏の通勤路線の場合）で定めたものを車両運用という。当然、列車本数が多くなれば、比例して車両運用の数も多くなる。そこで、管理上、1番運用（運行）、2番運用（運行）……、といった具合に、運用個々に番号を振って区別する。これが運用番号（運行番号）である。

日比谷線の場合、末尾のアルファベットが、「S」の時は東京メトロ車の運用、「T」の時は東武車の運用と決められている。列車の前後部面に「28S」の表示があれば、それは東京メトロ車担当の28番運用（28S運行）に入っている車両編成ということで、当日はどの列車に運用されても入庫までずっとその「28S」を表示し続ける（LED表示器装備車の場合、運用途中で車庫に一時留置される際などは、表示が消えるが）。

東京メトロ、都営地下鉄を問わず東京の地下鉄では、他社線と相互直通運転を行う路線の場合、どこでも、この二桁の数字とアルファベットの表示を見ることができる（相互直通運転を行わない地下鉄線では、二桁の数字のみの表示）。各路線における末尾のアルファベットの意味するところは、次のとおり。

・東京メトロ日比谷線：S＝東京メトロの車両運用、T＝東武鉄道の車両運用

・東京メトロ東西線：S＝東京メトロの車両運用、K＝JR東日本の車両運用、T＝東葉高速鉄道の車両運用

・東京メトロ千代田線：S＝東京メトロの車両運用、K＝JR東日本の車両運用、E＝小田急電鉄の車両運用

日比谷線はかつて東急東横線とも相互直通の関係にあったが、当時、日比谷線を走る東急車の運行番号末尾は「K」となっていた

・東京メトロ有楽町線：S＝東京メトロの車両運用、T＝東武鉄道の車両運用、M＝西武鉄道の車両運用

・東京メトロ半蔵門線：S＝東京メトロの車両運用、T＝東武鉄道の車両運用、K＝東京急行電鉄の車両運用

・東京メトロ南北線：S＝東京メトロの車両運用、K＝東京急行電鉄の車両運用、M＝埼玉高速鉄道の車両運用

・東京メトロ副都心線：S＝東京メトロの車両運用、T＝東武鉄道の車両運用、M＝西武鉄道の車両運用、K＝東

京急行電鉄の車両運用（横浜高速鉄道の車両もこの運用に使われる）
・都営地下鉄浅草線：T＝東京都交通局の車両運用、K＝京成電鉄の車両運用（芝山鉄道の車両もこの運用に使われる可能性がある）、H＝京浜急行電鉄の車両運用、N＝北総鉄道の車両運用（千葉ニュータウン鉄道の車両もこの運用に使われる）
・都営地下鉄三田線：T＝東京都交通局の車両運用、K＝東京急行電鉄の車両運用
・都営地下鉄新宿線：T＝東京都交通局の車両運用、K＝京王電鉄の車両運用

地下鉄各線の個々に運用される車両のメンバーを見れば、その路線の相互直通運転のお相手も、おのずと見えてこよう。

他社の車庫に〝外泊〟

で、話を日比谷線に戻す。毎度のことながら暇があったので、平成二五年三月一六日改正の土曜・休日ダイヤにおける、東武車の担当「27T」運用（27T運行）の一日を追ってみれば、以下の流れとなった（カッコ内の英数字は列車番号で、それぞれそのお尻のほうを見ていくと運用番号〔運行番号〕と関連性がありそうだが、これについては後ほど）。

・北春日部7時01分―（A727T）↓中目黒8時33分／8時40分―（B827T）↓北千住9時23分／9時40分―（A927T）↓中目黒10時23分／10時31分―（B1027T）↓北千住11時14分／11時21分―（A1127T）↓中目黒12時04分／12時11分―（B1227T）↓北千住12時54分／13時01分―（A1327T）↓中目黒13時44分／13時51分―（B1327T）↓北千住14時34分／14時41分―（A1427T）↓中目黒15時24分／15時31分―（B1527T）↓北千住16時14分／16時20分―（A1627T）↓中目黒17時03分／17時10分―（B1727T）↓北越谷18時23分／18時38分―（A1827T）↓中目黒19時53分／20時05分―（B2027T）↓北越谷21時19分／21時45分―（A2127T）↓中目黒23時00分／23時10分―（B2327T）↓北春日部0時40分

これに運用される東武車は、東武鉄道伊勢崎線（東武スカイツリーライン）北春日部駅最寄りに存する車庫、その名も南栗橋車両管区春日部支所に所属するため、朝に北春日部より出勤して、出先で一日中働き、深夜に北春日部へ帰ってくるという運用が組まれている。

かように、塒《ねぐら》にキチッと戻ってくる生真面目な運用があるかと思えば、出先で外泊となる運用もあったりする。春日部支所所属の東武車の場合、外泊先が日比谷線南千住駅最寄りの東京メトロ千住検車区だったりするから、相互直通運転の御縁というやつ、ほんとうに奥が深い。なお、この他人宅での外泊車両、もちろんながら翌朝は、南千住からスタートする東武車の運用に入る段取りだ。

それにしても、例にあげた「27T」運用（27T運行）、見れば朝から夕方まで日比谷線内を行ったり来たりしてばかりいるではないか。そして、夜の帳《とばり》がおりる頃に、ようやく自社線の北千住〜北越谷間に顔を出すといった、まさに他社線での〝アルバイト〟〝出稼ぎ〟に一日を費やす運用といえる。どうして、こんな場違いな現象が生じるのだろうか。

二　千代田線の怪

千代田線内に居続けるJRと小田急

〝場違い〟な運用は、なにも日比谷線における東武車の専売特許というわけではない。綾瀬〜代々木上原間の東京メトロ千代田線でも、よく眼にする。

綾瀬より先、松戸・柏・我孫子《あびこ》・取手方面のJR東日本常磐線（緩行線）、および代々木上原より先、海老名・本厚木《ほんあつぎ》・唐木田方面の小田急電鉄小田原線・多摩線と相互直通運転の契りを結ぶ地下鉄線であるけれど、ここでも何故だか、ＪＲ東日本車や小田急車が地下鉄線内の綾瀬〜代々木上原間を〝行ったり来たり〟している。

そういった現象の一例を書き出してみよう。平成二六年三月一五日改正の平日ダイヤにおける小田急車担当「91Ｅ」運用（91Ｅ運行）で、小田急電鉄海老名検車区の置かれる海老名が振り出しとなる。

・海老名6時50分―（４１００↓代々木上原↓Ｂ６９１Ｅ）「準急」↓綾瀬8時32分／8時49分―（Ａ８９１Ｅ）↓代々木上原9時31分／9時41分―（Ｂ９９１Ｅ）↓綾瀬10時19分／10時31分―（Ａ１０９１Ｅ）↓代々木上原11時09分／11時17分―（Ｂ１１９１Ｅ）↓綾瀬11時55分／12時01分―（Ａ１２９１Ｅ）↓代々木上原12時39分／12時47分―（Ｂ１２９１Ｅ）↓綾瀬13時25分／13時31分―（Ａ１３９１Ｅ）↓代々木上原14時09分／14時17分―（Ｂ１４９１Ｅ）↓綾瀬14時55分／15時01分―（Ａ１５９１Ｅ）↓代々木上原15時39分／15時51分―（Ｂ１５９１Ｅ）↓綾瀬16時29分／16時47分―（Ａ１６９１Ｅ↓代々木上原↓３７４１）「多摩急行」↓唐木田18時00分……

※カッコ内は列車番号（途中で列車番号が変わる場合は、その境界の駅名も示した）。カギカッコ内は列車種別、ただし「各駅停車」は省略。

おもしろいことにも、この平日ダイヤでは、ＪＲ線にも小田急線にも直通しない千代田線内完結の綾瀬～代々木上原間列車は、日中すべてがＪＲ東日本車と小田急車の担当で、本家の東京メトロ車はＪＲ線・小田急線直通列車ばかりを担っている。実に奇妙である。

東京メトロ千代田線における怪現象は、まだある。

千代田線～小田急線間の直通列車「多摩急行」は東京メトロ車（左）の運用が多い

千代田線から小田急線への直通列車は、小田急のロマンスカーを用いる「特急」を除くと、平日ダイヤでは「多摩急行」唐木田行が三三本、「準急」本厚木行が二本、設定されている。で、この内、小田急車の担当は、「多摩急行」唐木田行の七本と「準急」本厚木行の二本だけ。土曜・休日ダイヤにいたっては、もっと淋《さび》しく、「多摩急行」唐木田行が二六本設定されるも、小田急車は四本しか担当しない。明らかに双方の車両運用のバランスが悪いのである。またしても、何故、かような現象が起こるのだろうか。申し訳ない。いろいろ都合があって、これも後ほどの話とする。

方向を表す目印

ところで、ここまで東武車や小田急車の場違い運用の例を示してきたが、そこに記された列車番号を見ていて、あることに気付かれた方も多いはず。

そう、東京メトロにおける列車番号の付け方は、運用番号（運行番号）に、当該列車の始発駅発車時刻（相互直通相手線内の始発駅を含む）の「時」の数字を冠し、さらに頭に運転方向を示す「A」または「B」を添える方式であるということ。

例えば、日比谷線における東武車の「27T」運用（27T運行）の場合、中目黒を12時台に発車する列車ならば、「B1227T」という列車番号が与えられる。日比谷線では、北千住→中目黒方向がA線、中目黒→北千住方向がB線と定められている。

都営地下鉄各線も、大江戸線を除き、東京メトロと同様の列車番号の付け方だが、少しだけ違う点がある。

運用番号（運行番号）に、列車の始発駅発車時刻の「時」の数字を冠するやり方は東京メトロとまったく同じであるも、方向を表すのに「A」「B」は用いず、浅草線と三田線の南行列車、新宿線の東行列車は、運用番号（奇数）から一を引いた数字（偶数）に「時」の数を冠するという方式だ。三田線の平成二六年二月一二日改正平日ダイヤにおける東急車「07K」運用（07K運行）で、例を示してみる。

・奥沢7時01分―（20772↓707K）↓西高島平8時06分／8時10分―（806K）↓白金高輪9時01分／9時09分―（907K）↓高島平9時54分／〈東京都交通局志村車両検修場留置〉／高島平16時43分―（1606K）↓白金高輪17時27分／17時41分―（1707K）↓西高島平18時29分／18時36分―（1806K）↓白金高輪19時24分／19時38分―（1907K）↓西高島平20時26分／20時33分―（2006K↓目黒↓20721）「急行」↓日吉21時44分／21時55分―（20721 2↓目黒↓21007K）↓西高島平23時16分／23時21分―（2306K↓目黒↓20724 1）↓日吉0時43分……

※カッコ内は列車番号（途中で列車番号が変わる場合は、その境界の駅名も示した）。カギカッコ内は列車種別、ただし「各駅停車」は省略。

ご存じのとおり、都営地下鉄三田線は目黒〜白金高輪〜西高島平間の路線で、目黒〜白金高輪間は東京メトロ南北線と線路を共用する（線路施設の所有者は東京メトロ側）。また、三田線、南北線ともどもに、東京急行電鉄目黒線と相互直通運転の縁を結んでいる（目黒線は目黒〜日吉間の路線として案内されるも、線路の戸籍上は目黒〜田園調布間が目黒線で、田園調布〜日吉間は東横線の複々線区間となる）。

例にあげた東急車は、目黒線内の奥沢（車両留置線を備える駅）からスタートして、三田線へと入り、同線内に夜まで留まるというわけだが、これも相当に〝場違い〟な運用である。

東急目黒線（東横線）日吉駅で顔を揃える東京メトロ車（左）と東京都交車

東急目黒線（東横線）多摩川駅で並ぶ東京都交車（左）と東急車

同じ番号を避ける目印

この三田線では生じないものの、都営地下鉄浅草線（西馬込〜泉岳寺〜押上間の路線、押上側で京成高砂《たかさご》・印旛《いんば》日本医大・成田空港・

芝山千代田方面の京成電鉄～北総鉄道／芝山鉄道と、泉岳寺側〔泉岳寺から分岐する恰好〕で羽田空港・三崎口方面の京浜急行電鉄とそれぞれ相互直通運転を実施）での西馬込～泉岳寺間折り返し運転の列車のように、短距離を行ったり来たりする運転系統が存在する場合、右の列車番号の方式では、同じ時間台（9時台、10時台……）に複数回の同一方向への運用が生じ、同じ番号の列車が複数生まれてしまう恐れがある（都営浅草線は京急線～泉岳寺～押上～京成線が本流といえ、西馬込～泉岳寺間は支線的な印象が強い）。

そこで、そうなりそうな際には、都営地下鉄では末尾に「A」「B」……を付けて区別する。都営浅草線の平成二六年一一月八日改正土曜・休日ダイヤにおける具体例は次のとおり。京急車の「63H」運用（63H運行）の一日の最後の部分である。

・……京成高砂19時47分―（1962H）「〔京急線内〕快特」→三崎口21時40分／21時47分―（2163H）「特急」→泉岳寺23時09分／23時19分―（2362HA）→西馬込23時31分／23時36分―（2363H）→泉岳寺23時48分／23時56分―（2362HB）→西馬込0時07分／〈東京都交通局馬込車両検修場入庫〉

※カッコ内は列車番号。カギカッコ内は列車種別、ただし「普通」は省略。

本来、京急車には無縁のはずの西馬込〜泉岳寺間をウロウロするだけではなく、都交通局の車庫で外泊までしてしまうという、こちらもなかなかの〃場違い〃ぶりを見せてくれる。

まあ、それはともかく、東京メトロ千代田線の支線、綾瀬〜北綾瀬間でも同様の事態が生じるが、東京メトロ側では発車順に「1」「2」……を末尾に付けて区別している。

三　境界で変わる列車番号

JRの伝統的な列車番号方式

都営地下鉄で採用されている列車番号の付け方、実はこれ、JR東日本の首都圏における通勤線区（旧国鉄で〃国電〃と呼ばれていた路線・区間）で伝統的に用いられている方式である。

したがって、JR東日本の常磐線（綾瀬〜我孫子・取手間の緩行線）と東京メトロ千代田線（綾瀬〜代々木上原間）にまたがって運転の直通列車などは、両社の境界である綾瀬において、微妙に列車番号が変化している。

常磐緩行線の列車番号は、下り列車（綾瀬→我孫子・取手方向）の場合、運用番号（運行番号）に、その列車の始発駅（小田急線・千代田線内の始発駅を含む）発車時刻の「時」の数字を冠し、上り列車は運用番号（運行番号）から一を引いた数字に、始発駅発車時刻の「時」を冠するというルールである。

よって、千代田線〜常磐緩行線間の直通列車は、代々木上原から我孫子・取手方向は「B1139S」→「1139S」、「B1203K」→「1203K」、取手・我孫子から代々木上原方向は「1238S」→「A1239S」、「1302K」→「A1303K」という具合に、途中の綾瀬で列車番号を変えているのでややこしい（千代田線は綾瀬→代々木上原方向がA線、代々木上原→綾瀬方向がB線）。

そして、運用される車両編成の前後部面に表示の運用番号（運行番号）も、東京メトロ車は「39S」などのまま常磐緩行線を走るけれども、JR東日本車については、製造年が古い二編成こそ「03K」のままなのだが、その他大多数の編成は、芸も細かく綾瀬で「03K」→「1203K」、「1302K」→「03K」というふうに変更、自社線内は列車番号フル表示としている。だから、どうといった話でもないが、かような点も相互直通運転の観察の愉しみといえば、そうなのである。

東京メトロ千代田線は、綾瀬とは反対の代々木上原側でも小田急線と相互直通運転を行っていることは、既にご案内済み。そこで〝場違い〟な例としてお示しした、千代田線内をウロチョロする小田急車「91E」運用（91E運行）を見れば、おわかりのとおり、小田急線内「4100」→千代田線内「B691E」や、千代田線内「A1691E」→小田急線内「3741」という具合に、こちらでも境界の代々木上原にて、列車番号の変更が生じている（列車前後部面の「91E」表示は小田急線内もそのまま）。

この小田急電鉄の列車番号というのが実はクセ者で、運用番号（運行番号）とはまったくかかわりがない。だから、仮に小田急線内での東京メトロ車の場違いな運用があったとしても、私には追うことができないのである。

好き者ご愛用の時刻表

ここまで、東武車、小田急車、東急車、京急車の〝場違いな運用〟を、いろいろお示ししてきて、おっさん、やけに詳しいやないけ、と思われた方もいらっしゃるかもしれない。が、これ、日ごろの研鑽《けんさん》の賜《たまもの》というわけではなく、白状すれば愛読の『マイライン東京時刻表』（交通新聞社刊）から、ただあぶり出しただけのことなのである。

右の時刻表は、文字通り東京を中心とする首都圏一〇〇キロエリアのJR、私鉄、三セク、地下鉄の全線・全駅・全時刻を掲載したもので、おまけに全列車の列車番号も丁寧に記されている（東京メトロの列車番号は、頭の「A」「B」は省略。また、短距離区間折り返し運転の場合に付けられる尻の「1」「2」「3」……も一部省略。都営地下鉄でも尻の「A」「B」……は省略となっている頁がある。そして、同一の表に一体的に時刻を掲載する東京メトロ千代田線とJR東日本常磐線各駅停車〔緩行線〕の列車番号は、後者のほうを優先記載している）。

ゆえに、先に説明した列車番号の解読法さえ知っていれば、JR線や地下鉄線の車両運用までもが、ほぼわかってしまうわけで、結果、好き者の間では重宝されている一品なのであった。

もっとも、私鉄線内の車両運用追跡には、少々問題を抱えている。東武鉄道、京成電鉄、京浜急行電鉄といった私鉄では、その社線内でも、地下鉄直通列車は地下鉄線内とほぼ同じ列車番号で運転されているのに対し、件の小田急電鉄に加えて、西武鉄道、京王電鉄、東京急行電鉄の面々は、独自の列車番号を採用する（地下鉄線との境界の駅で列車番号が変わる。ただし、列車前後部面の運用番号〔運行番号〕の表示は地下鉄線内と変わらず）。

とくに、西武、小田急、京王の列車番号は、運用番号（運行番号）がまったく関係しないので、もしこの三社線内で、地下鉄車両の〝場違いな運用〟があったとしても、『マイライン東京時刻表』では、追うことが叶わないのである。

〝場違いな運用〟は、なにも地下鉄線内における私鉄の車両やJR東日本車だけ、ということでもない。現に京王線内では、東京都交車のそういった運用が存在するのだが、子細を知るには、関係者に運用表を見せてもらうか（最近はテロなどの問題もあって、そういったことも以前に比べれば、難しくなってきているらしいが）、あるいは現場に赴いて、実見調査するしか手はなさそうだ。

京王線における東京都交車の“場違いな運用”には、競馬場線・東府中～府中競馬正門前間〇・九キロを一日中、行ったり来たりする珍妙な運用が、かつて存在していた

直伝！東急式列車番号の解読法

ただ、東急に関しては、地下鉄方式とは違う列車番号なれども、充当車両の所属社局とその運用がよくわかるものなので、救われる。

168頁で、都営地下鉄三田線の平日ダイヤにおける東急車「07K」運用（07K運行）を紹介した。そこでは、東急目黒線と都営三田線の境界、目黒において「20707２」→「707K」、「2006K」→「207211」、「207212」→「2107K」、「2306K」→「207241」というふうに、列車番号が変わる列車が出てきたはず。六桁数字のほうが東急方式の列車番号で、その解読法は次のとおり。

都営三田線、東京メトロ南北線、埼玉高速鉄道線と相互直通運転を行う目黒線の場合、十万位の「2」は東急車の運用を表している。これが「3」ならば東京メトロ車、「4」は東京都交車、「5」は埼玉高速車の運用。続く一万位と千位の二桁は運用番号（運行番号）の数字部分、百位と十位の二桁は当該列車の始発駅発車時刻の「時」の数字（5時台、6時台、7時台、8時台、9時台の発車は「05」「06」「07」「08」「09」と表記。なお、三田線・南北線〔埼玉高速鉄道線を含む〕からの直通列車は、目黒駅の発車時刻の「時」の数字）。お尻の一位は運転方向を表し、目黒→日吉方向が「1」、日吉→目黒方向が「2」である。

東急の本丸といえば、やはり東横線だ。横浜高速鉄道みなとみらい線、東京メトロ副都心線、東武鉄道東上線、西武鉄道西武有楽町線・池袋線と相互直通運転を実施する欲張りな路線で、ここの列車番号も同様の六桁数字。

十万位が「0」ならば東急車または横浜高速車、「1」は西武車、「7」は東京メトロ車、「8」は東武車の運用である（横浜高速鉄道は東急に車両の検査整備・運用管理を全面委託しているので、横浜高速車は東急車と共通で使われる）。一万位・千位は運用番号（運行番号）で、東急車の運用の場合、0番台〜30番台は東急車・横浜高速車共通の八両編成、50番台は東急車一〇両編成、東京メトロ車の運用では0番台・10番台が八両編成、それ以外は一〇両編成となる（東武車、西武車の直通車両は全て一〇両編成）。百位・十位は、その列車の始発駅発車時刻の「時」の数字（副都心線〔東武東上線、西武線を含む〕からの直通列車は、渋谷駅発車時刻の「時」の数字）。一位は、渋谷→横浜→元町・中華街方向を「1」、元町・中華街→横浜→渋谷方向を「2」とする。

東横線における横浜高速車は、東急車８両編成と共通で使われる。東武東上線への乗り入れは志木まで

よくラッシュ時の混雑が、巷《ちまた》の話題にのぼる東急の田園都市線（渋谷〜中央林間間）も、東京メトロ半蔵門線、東武鉄道伊勢崎線（東武スカイツリーライン）・日光線と相互直通運転の関係を結ぶ路線であって、こちらの列車番号も似たようなものだ。

十万位は、東急の大井町線にまたがって運転される列車が「1」である以外、全て「0」。一万位・千位は運用番号（運行番号）で、「01」から「49」までが東急車、「50」以降の偶数は東武車、「51」以降の奇数が東京メトロ車の運用となる。百位・十位は、始発駅発車時刻の「時」の数字（半蔵門線〔東武線を含む〕からの直通列車は、渋谷駅発車時刻の「時」の数字）。一位は、渋谷→中央林間方向が「1」、中央林間→渋谷方向が「2」となる。

以上、こうやって淡々と羅列するだけだと、なんだか凄《すご》くややこしそうだが、メモ紙にでも書き写しながら噛《か》み砕いていけば、意外に単純であることに気付くはず。マスターしてから、『マイライン東京時刻表』の東急各線の頁を見れば、どの列車にどの社局の車両が充当されるのか、もう一目瞭然で、天下を取ったかのような気分となること、うけあいである。

四　場違いは地上でも

東横線に封じ込められる

と、いうわけで『マイライン東京時刻表』の東横線の頁を、あらためて紐といてみれば、あるわあるわ〝場違いな運用〟が。

これなんぞはどうだろう、平成二六年三月一五日改正土曜・休日ダイヤにおける、東京メトロ車の「02S」運用（02S運行）である。

・新宿三丁目6時39分―（A602S↓渋谷↓70206 1）↓元町・中華街7時43分／7時45分―（70207 2）↓渋谷8時39分／8時46分―（70208 1）↓菊名9時19分／9時30分―（70209 2）↓渋谷10時01分／10時03分―（70210 1）↓菊名10時34分／11時00分―（70211 2）↓渋谷11時31分／11時33分―（70211 1）↓菊名12時04分／12時30分―（70212 2）↓渋谷13時01分／13時03分―（70213 1）↓菊名13時34分／14時00分―（70214 2）↓渋谷14時31分／14時33分―（70214 1）↓菊名15時04分／15時30分―（70215 2）↓渋谷16時01分／16時03分―（70216 1）↓菊名16時34分／17時00分―（70217 2）↓渋谷17時31分／17時33分―（70217 1）↓菊名18時04分／18時31分―（70218 2）↓渋谷19時03分／19時05分―（70219 1）「急行」↓元町・中華街19時45分／19時47分―（70219 2↓渋谷↓B1902S↓小竹向原↓6827）「〔みなとみらい線・東横線内〕急行」↓小手指21時30分／21時49分―（6710）「回送」↓清瀬21時59分／22時01分―（6710↓小竹向原↓A2102S

↓渋谷↓70231）↓元町・中華街23時49分／0時01分―（70242）↓渋谷0時50分

※カッコ内は列車番号（途中で列車番号が変わる場合は、その境界の駅名も示した）。カギカッコ内は列車種別、ただし「各駅停車」は省略。

※「回送」列車の時刻は『マイライン東京時刻表』には記されていないので、周辺情報をあたり、吟味のうえに確かと思われるものを記載。

※駅の位置関係は126頁の図8を参照のこと。

この運用に入った東京メトロ車、当日は、本来の縄張りである東京メトロ副都心線は早朝に少しと深夜に一往復走るのみで、他は西武池袋線の小手指に一回、顔を出す他、全てが渋谷以南の東急東横線と横浜高速鉄道みなとみらい線に、封じ込められる格好となっている。かように、東横線・みなとみらい線完結の列車に使われるよそ者車両は、東京メトロ車だけに留《とど》まらない。西武車や東武車にも、〃場違いな運用〃が存在する。西武車の一例はこうである。

東急東横線では西武車（上の右）と東武車（下）にも場違いな運用がある

・……小手指13時19分―（6522↓小竹向原↓A1304M）↓新木場14時39分／14時48分―（B1404M）↓和光市15時42分／15時52分―（A1504M）↓新木場16時43分／16時57分―（B1604M）↓和光市17時50分／17時57分―（A1704M）↓新木場18時50分／18時56分―（B1804M）↓和光市19時49分／20時05分―（A2004M↓渋谷↓104201）「〔東横線・みなとみらい線内〕」急行」↓元町・中華街21時31分／21時36分―（104212）「急行」↓渋谷22時17分／22時20分―（104221）「急行」↓元町・中華街23時01分／23時06分―（104232↓渋谷↓B2304M↓小竹向原↓4859）「〔みなとみらい線・東横線

内〕急行」「〔西武線内〕準急」↓小手指0時50分
※カッコ内は列車番号（途中で列車番号が変わる場合は、その境界の駅名も示した）。カギカッコ内は列車種別、ただし「各駅停車」は省略。
※駅の位置関係は126頁の図8を参照のこと。

平成二六年三月一五日改正平日ダイヤにおける、西武車「04M」運用（04M運行）の午後の部分である。東京メトロ有楽町線（和光市～小竹向原～新木場間、和光市～小竹向原間は副都心線と線路を共用）での〃場違い〃が目立つ運用だが、それを終えた後、夜間に東横線・みなとみらい線完結運転の「急行」一往復に使われる点がミソといえる。

他社でお昼寝する東武

平日の東横線・みなとみらい線では、めっぽう影が薄い存在の東武車についても、しっかり、元町・中華街発渋谷行の「急行」に用いられている。

右の平日ダイヤの場合、東横線・みなとみらい線内の東武車の仕事は、営業列車としては朝に五編成（運用番号「05T」「09T」「13T」「17T」「21T」）が渋谷～元町・中華街間をそれぞれ一往復、夜間に三編成（運用番号「07T」「03T」「15T」）が、やはり同区間をそれぞれ一往復するのみ。ただし、平日の日中でも、亡霊のように出没する東武車を、東横線で眼にすることはある。まあ、それはさておき、問題の元町・中華街発渋谷行「急行」に入る東武車の、平日ダイヤ「21T」運用（21T運行）の流れを書き出してみる。

・森林公園7時13分―（E3721T）→和光市→A721T→渋谷→82108 1）「〔副都心線内〕通勤急行」「〔東横線・みなとみらい線内〕通勤特急」→元町・中華街9時21分／9時25分―（82109 2）「急行」→渋谷10時05分………渋谷16時06分―（B1521T）→和光市16時48分／17時03分―（A1721T）→新木場17時55分／18時04分―（B1821T）→和光市18時59分／19時13分―（A1921T）→新木場20時10分／20時19分―（B2021T）→和光市→F2021T）→森林公園22時10分

※カッコ内は列車番号（途中で列車番号が変わる場合は、その境界の駅名も示した）。カギカッコ内は列車種別、ただし「各駅停車」「普通」は省略。

※東武東上線内における東京メトロ有楽町線・副都心線直通列車の列車番号は、基本的には地下鉄線内と同様だが、頭に付くアルファベット文字は独自で、「A」は志木発の上り

列車、「B」は志木着の下り列車、「C」は川越市発の上り列車、「D」は川越市着の下り列車、「E」は森林公園発の上り列車、「F」は森林公園着の下り列車、となる。また、副都心線直通列車は、地下鉄線内の列車番号に3000を加える。

※駅の位置関係は126頁の図8を参照のこと。

「21T」運用（21T運行）で最も気になるところは、元町・中華街発の「急行」で渋谷に10時05分に到着した後、同駅16時06分発の副都心線・和光市行に入るまでの間、この東武車はどうなっているのか、という点。線路の本数に余裕のない渋谷駅に、そのまま留め置くことは、一〇〇パーセント考えられない。さて、真相は如何に、である。

平成二五年三月の東横線と副都心線の相互直通運転開始当初、私はこのことがどうにもこうにも気になって、夜も眠れなくなってしまった。そこで、居住地の神戸から、わざわざ新幹線を使い、実地検分に東京へと馳《は》せ参じた次第。なんたるお目出度い奴なのか、と、嘲《ちょう》笑《しょう》の対象になりそうだが、気になったのだから仕方がない。

で、検分の結果だが、問題の東武車、渋谷に着いた後は、折り返し東横線を武蔵小杉まで回送、そのまま東京急行電鉄元住吉検車区に入庫して、そこでしばらく待機。午後三時半過ぎに出庫、武蔵小杉から回送で渋谷まで戻り、16時06分発の和光市行に入るという展開。すなわち、昼寝のために、塒《ねぐら》の森林公園から、はるばる東横線までやってくる妙な東武車なのであった（森林公園駅に隣接するかたちで、東武鉄道森林公園検修区が置かれている）。

それにしても、である。もう驚きはしないが、「21T」運用（21T運行）の東武車も自社線を走るのは出勤時と退勤時だけという、まさに、〝場違い大賞〟の最有力候補にノミネートされそうな存在だ。

都営浅草線もクセ者

東急東横線関連ばかりやっていると、飽きられそうなので眼を転じ、東京都交車の私鉄線における〝場違い〟を、少しだけ見ていこう。

都営地下鉄浅草線に配置の東京都交車の運用範囲は、京成線は本線の京成成田まで、北総線は終点の印旛日本医大まで、京急線は本線から分岐する各支線の終点、空港線（京急蒲田で分岐）は羽田空港国内線ターミナルまで、逗子《ずし》線（金沢八景で分岐）は新逗子まで、久里浜線（堀ノ内で分岐）は三崎口まで、と、実に広範である。平成二六年一一月八日改正平日ダイヤにおける、同車の「41T」運用（41T運行）の午前中の部を追っていこう。

都営浅草線の東京都交車（左）の運用範囲は広大である

・金沢文庫5時53分―（５４０Ｔ）「エアポート急行」↓新逗子6時06分／6時10分―（６４１Ｔ↓京急蒲田↓７４０Ｔ）「エアポート急行」↓羽田空港国内線ターミナル7時12分／7時16分―（７４１Ｔ↓京急蒲田↓７４０ＴＸ）「エアポート急行」↓金沢文庫8時08分／8時16分―（８４０Ｔ）「特急」↓新逗子8時27分／8時32分―（８４１Ｔ）「〔京急線内〕特急」↓押上9時51分／10時04分―（１０４０Ｔ）↓西馬込10時41分／10時47分―（１０４１Ｔ）↓泉岳寺10時59分／11時10分―（１１４０ＴＡ）↓西馬込11時21分／11時27分―（１１４１Ｔ）↓泉岳寺11時39分／11時50分―（１１４０ＴＢ）↓西馬込12時01分……

※カッコ内は列車番号。カギカッコ内は列車種別、ただし「普通」は省略。

※京急線内の列車番号で末尾に「Ｘ」が付いているものがあるが、これは列車番号重複を回避するための措置。「Ｘ」だけで足りない場合は「Ｙ」も用いられる。

図9　都営地下鉄浅草線と関係する私鉄の路線図

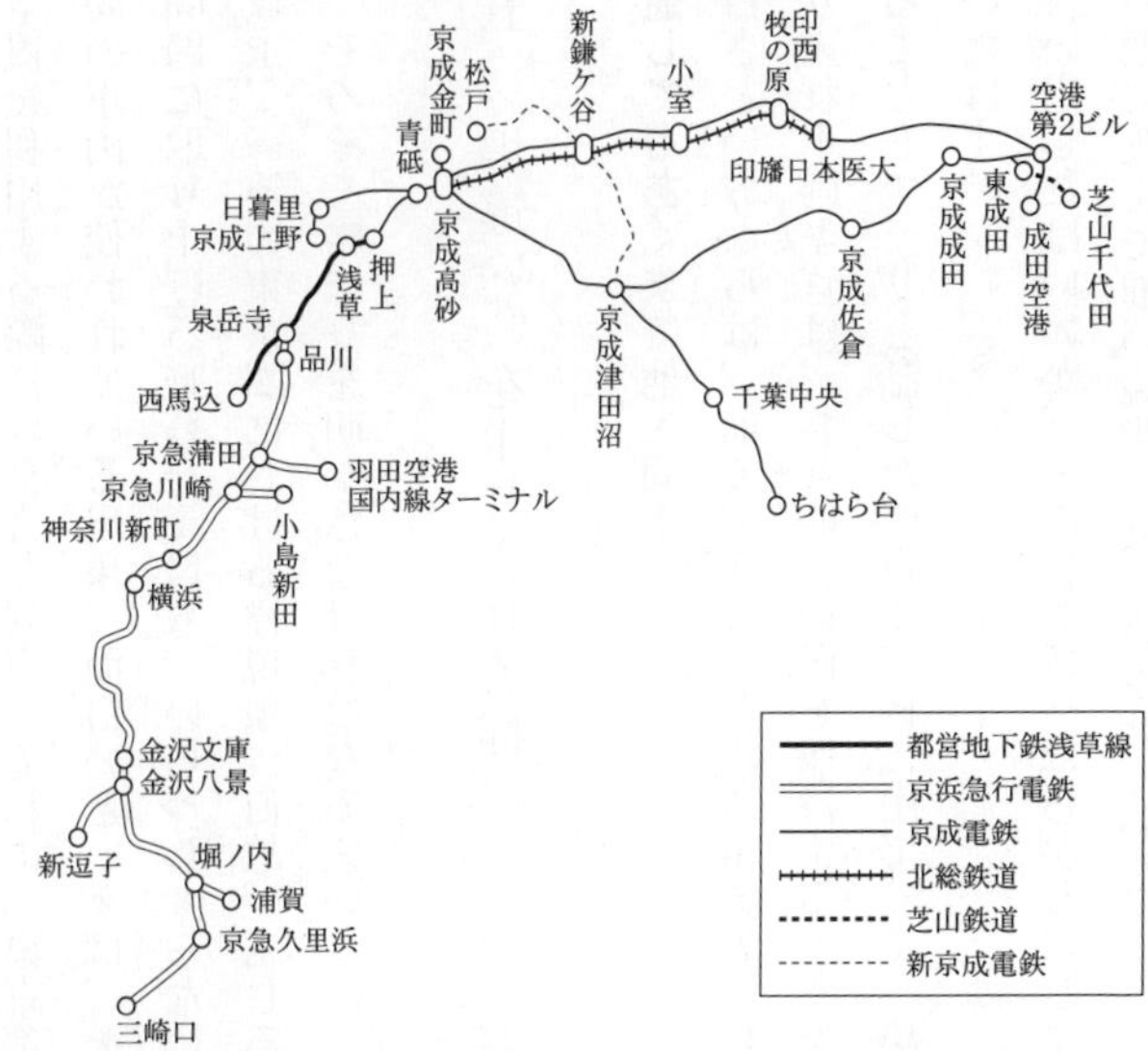

※駅の位置関係は図9を参照のこと。

東京都交車が本領の都営浅草線内を行ったり来たりする、まっとうな仕事に着く前に、京急線内で、あさってのほうをウロチョロする珍妙な運用。そもそも運用スタート地点が、外泊先の京浜急行電鉄金沢検車区最寄りの、金沢文庫というのが洒落《しゃれ》ている。

新逗子6時10分発の羽田空港国内線ターミナル行「エアポート急行」は、横浜市民など神奈川県南東部にお住まいの方が、羽田早朝出発便の航空機を利用する際に好都合な列車。それに、東京都民の共有財産ともいえそうな東京都交通局の車両が使われている現象、面白いといえば、そうかもしれない。まあ、これを都議会で問題に取り上げる野暮な議員も、いらっしゃらないとは思うが。

以上、一連の東京圏における怪現象、何故、生じるのか、まさか都議会で揉めないためにも、そろそろ絡繰《からく》りを明かさなければなるまい。

五　〝場違い〟を生じさせる掟

直通してもあくまで他人同士

目ざとい方ならば、前で、異なった鉄道事業者間における相互直通運転では〝相手線への乗り入れ車両キロは、お互いに均衡を保持するよう努めなければならない〟という掟が存在することをチラリと話した時点で、後に出てくる〝場違い〟の数々など、とうに予想はついていたはず。

言い出したはいいが、そのままほっぽらかしにしていた、その〝掟〟について、ようやくこの期《ご》に及んで拙い説明をはじめさせていただく。なお、拙著『鉄道会社はややこしい』

（光文社新書）を既にお読みになった御仁には、釈迦に説法となろうが、復習方々、あらためて一読願いたい。

例えば、東武鉄道の伊勢崎線（東武スカイツリーライン）・日光線と東京メトロ日比谷線との相互直通運転においては、既述のとおり、それに必要な車両を東武と東京メトロの双方で用意し、相互直通区間の南栗橋～〈北千住〉～中目黒間を走る列車に運用する（〈　〉内は会社境界駅［分界駅］）。その場合、伊勢崎線（東武スカイツリーライン）・日光線内を東京メトロ車が走っているときは、東武は東京メトロから車両を借りていることになり、同様に、日比谷線内を東武車が走っているときは、東京メトロは東武から借りていることになる。

なんだかよそよそしいが、かかる概念が肝である。〝相互直通〟とはいっても、相手線へ直通するのは乗客と、この貸し借りとなる車両のみ、あくまでも双方の鉄道事業者は他人の関係であって、分界駅を境に責任の所在も明確に分けられている（運転業務を東急に全面委託する横浜高速鉄道みなとみらい線、同じく京成に全面委託する芝山鉄道線など一部の例外を除き、都市型相互直通運転では、乗務員も分界駅で交代するのが原則）。こういった点が、複数の乗合バス事業者によるバスの共同運行路線とは概念がまったく異なる、鉄道での相互直通運転の大きな特徴である。

走行距離を調整して貸し借りを清算

で、相互直通運転では、当該鉄道事業者間に車両使用料の債権・債務が発生するわけで、当然ながら先の例では、東武は東京メトロに車両使用料を支払い、東京メトロも東武にそれを支払わなくてはならない。

が、よくよく考えてみれば、東武車が日比谷線内を走る距離と、東京メトロ車が伊勢崎線（東武スカイツリーライン）・日光線内を走る距離が等しくなれば、双方が支払うべき車両使用料は相殺となろう。そこで、走行距離の調整が行われるという次第。

具体的な手筈は、東武車が日比谷線内を走るキロ数（車両キロ＝列車キロ×編成両数）と東京メトロ車が伊勢崎線（東武スカイツリーライン）・日光線内を走るキロ数（同）が等しくなるよう運用を組むということ。

日比谷線用の東武車も東京メトロ車も現在は、一両の長さが一八メートル車両の八両編成ゆえ（近い将来、二〇メートル車の七両編成となる予定）、直通区間の距離が互いに同じなら、直通列車の東武車と東京メトロ車の使用比率を均等にすることで、全てチャラとなろう。

けれども、なかなか絵に描いたように、そうコトはうまく運ばない。旅客の需要や動向、利便性の向上、車両の効率的使用、などなどの要素、そして鉄道会社おのおのの思惑他が、相互直通運転には諸々関わってくるものなのである。

直通区間だけを見ても然り、日比谷線の北千住～中目黒間は二〇・三キロ、対する伊勢崎線（東武スカイツリーライン）・日光線の北千住～南栗橋間は四四・三キロもある。倍以上ではないか。これでは、双方の車両の相手線内における車両キロの均衡も難しい。

このアンバランス解消には、直通列車運用車両の配分調整が必要である。双方の車両の使用配分（比率）を均等にすると、東武車が日比谷線内を走る距離よりも東京メトロ車が伊勢崎線（東武スカイツリーライン）・日光線内を走る距離のほうが長くなってしまうのだから、均等とせずに、直通列車に対する東武車の使用比率を高めてやれば、問題はほぼ解決するというもの。

まあ、日比谷線から伊勢崎線（東武スカイツリーライン）・日光線へ直通する列車のみな全てが、南栗橋まで行くわけではなく、途中の竹ノ塚、北越谷、北春日部、東武動物公園折り返しの列車も存在するので、そのへんもうまく活用して、車両キロを調整してやれば、現金のやり取りもなんとか回避可能であろう。

ただ、どうしても調整がつかない場合もある。その際の必殺技こそが、〝場違い〟な例として最初にお示しした、日比谷線における東武車の「27T」運用（27T運行）みたいな、相互直通相手線内をウロウロする運用を作る戦法。同運用は、東京メトロ車が東武鉄道伊勢崎線（東武スカイツリーライン）・日光線での車両キロを稼ぎすぎるがために、設けられたものと推察される。

六　調整のための裏の手、奥の手

東急への借りを返すのに一苦労の三田線

直通区間の距離バランスが悪い例としては、都営地下鉄三田線と東京急行電鉄目黒線の相互直通運転も見逃せない。三田線の目黒〜西高島平間が二六・五キロもあるのに対し、目黒線の目黒〜日吉間はたったの一一・九キロ。ともに、二〇メートル車六両編成の東京都交車と東急車の運用比率を均等としたならば、都交通局が東急に支払うべき車両使用料は著しく膨大と化すであろう。

そこで、東京都交車の運用比率を高める必要がある。だが、しかし、三田線には白金高輪〜西高島平間二四・二キロを折り返し運転する、地下鉄線内完結の列車を数多く設定しなければならない事情があって、これがまた悪さをする。既にご案内済みの目黒〜白金高輪間二・三キロが、東京メトロ南北線との線路共用になるための、列車本数調整（本数の過密化回避）が絡む措置だが（南北線にも白金高輪折り返し運転の列車が多数存在する）、１６８頁の三田線における東急車「07K」運用（07K運行）を再度ご覧いただければおわかりのとおり、西高島平での折り返しのタイミングからか、この地下鉄線内完結列車にも、場違いながら東急車がけっこう入ってしまうのである（南北線でも同様の現象が頻繁に見られる）。

ただでさえ東急車には、三田線内を走るキロ数を控えてもらわなければならないところなのに、この現象によって思いとは裏腹に、キロ数をさらに余計稼がれてしまうという、なんともやりきれない、困った話なのである。

〝代走〟という裏ワザ

東急車が三田線を走って終点の西高島平に到着したならば、すぐに白金高輪行で折り返させるのではなく、東急目黒線直通日吉行列車の発車時刻まで留め置くような措置さえとれば、傷口は小さくて済みそうだが、そういうふうにコトは簡単には運ばない。

日吉行の前に発車する白金高輪行列車に充当の車両編成を、別に手配しなければならないというまだるっこしさもあるけれど、それよりもなにより、そんなことばかしやって調整し

東急目黒線では東京都交車が目立つ

ていたのでは、高価な鉄道車両の運用効率が著しく低下してしまおう。これこそまさに、都議会で問題視されかねない。無駄なき車両運用を考えるならば、終点に到着した車両編成は、行き先などお構いなしに、すぐ折り返し列車に充当のほうが、いいに決まっている。

　だいいち、西高島平駅は線路が二線しかない。東急車を日吉行に充当させるための一時留め置きは、列車本数が多くなるラッシュ時などはとくに、物理的にも出来ぬ相談といえよう。

　だから、仕方がないので三田線では、逆手を使い東急線直通列車は可能な限り東京都交車の運用として、辻褄《つじつま》を合わせている次第。東急目黒線内では東急車の影が薄く、東京都交車が妙に目立っているのは、その結果の産物と見て取れる。

　なお、都営地下鉄三田線〜東急目黒線では、車両編成前後部面の運用番号（運行番号）表示を「〇〇K」とした東京都交車をよく眼にする。〝代走〟という手筈で、本来は東急車の運用であるものに、一時的に東京都交車を入れ、車両キロの調整を図っているわけ。これ、いわば裏の手である。同様の現象が、他の地下鉄路線でもたまに見受けられる。半蔵門線でも、「○○S」表示の東急車に遭遇したことがある。

こういった〝裏の手〟を使っても、なお、車両キロの均衡が図れない場合には、いよいよ〝奥の手〟の出番となる。

次のダイヤ改正時に、貸しが多い側に今度は借りをたくさん作らせるよう、無理矢理、車両運用を組み替えるのである。京急線の羽田空港国内線ターミナル〜新逗子間を往復する東京都交車は、平成二六年一一月八日の改正以前、平日の日中にも二往復存在していた。これなんぞ、まさしく貸し借りを逆転させるため、無理にこさえた運用だったやに思えてならない。なんとか貸借の清算も終わり、右のダイヤ改正で本来の京急車の運用に戻したのだろう。

七　痛し痒し悩ましげな存在

ダイヤ改正で生じた三社またがり

相互直通運転のお相手が二社以上ともなる地下鉄路線では、さらに柵《しがらみ》も多くなって、車

「05K」を表示した東京都交車（右）。代走であろう

東武スカイツリーラインを押上へと向かう東急車。「57S」を表示しているので、本来は東京メトロ車の運用のはず

両キロの調整は、より一層難しい。

ほっぽらかしにしていた話題には、ＪＲ東日本常磐線（緩行線）および小田急線と相互直通運転を行う、東京メトロ千代田線の怪もあったはず。

平日ダイヤでは日中、ＪＲ線にも小田急線にも直通しない千代田線内完結の綾瀬〜代々木上原間列車に、何故だかＪＲ東日本車と小田急車ばかりが用いられていることと、千代田線〜小田急線間の直通列車の多くが東京メトロ車の運用であることが、〝怪〟の要諦《ようてい》だったと思い返す。

かかる現象は、平成二六年三月一五日改正において、千代田線と常磐緩行線の列車運転間隔を変更したことにより生じたものである。

改正以前、千代田線は平日ダイヤ、土曜・休日ダイヤともに、日中、六分間隔の運転で、ＪＲ常磐緩行線直通は二本に一本の割合、一二分間隔であった。これが改正後、千代田線は五分間隔、常磐緩行線は一〇分間隔となる。

一方、小田急線直通列車は、改正前後ともに変わらずで、日中、千代田線内三〇分間隔の運転である。結果、改正前は一時間に片道で二本（往復で四本）運転の小田急線〜千代田線間直通列車のうち一本はＪＲ線直通、もう一本はＪＲ線直通とはならない綾瀬折り返しだっ

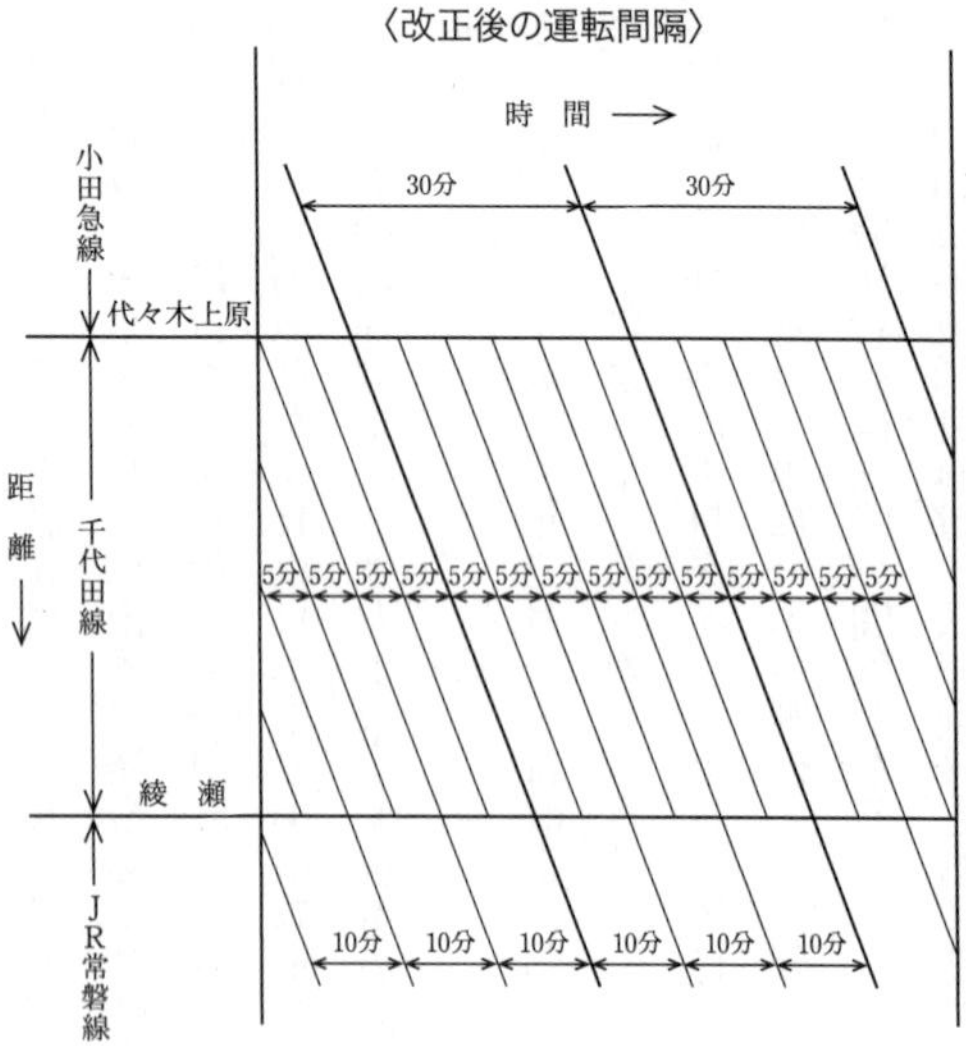

たものが、改正後は二本ともに、小田急線〜千代田線〜JR線の三社またがり直通列車と化した（図10）。

千代田線内はJRと小田急だらけ

実は、千代田線絡みの三社の車両運用には、大きな制約がある。何かといえば、東京メトロ車が一編成を除きJR線と小田急線の双方に乗り入れ可能なのに対し、搭載機器等の都合でJR東日本車は小田急線には入れず、小田急車もJR線に入ること叶わない。

で、あるからして、三社またが

図10　ダイヤ改正前後の千代田線ダイヤパターン比較

〈改正前の運転間隔〉

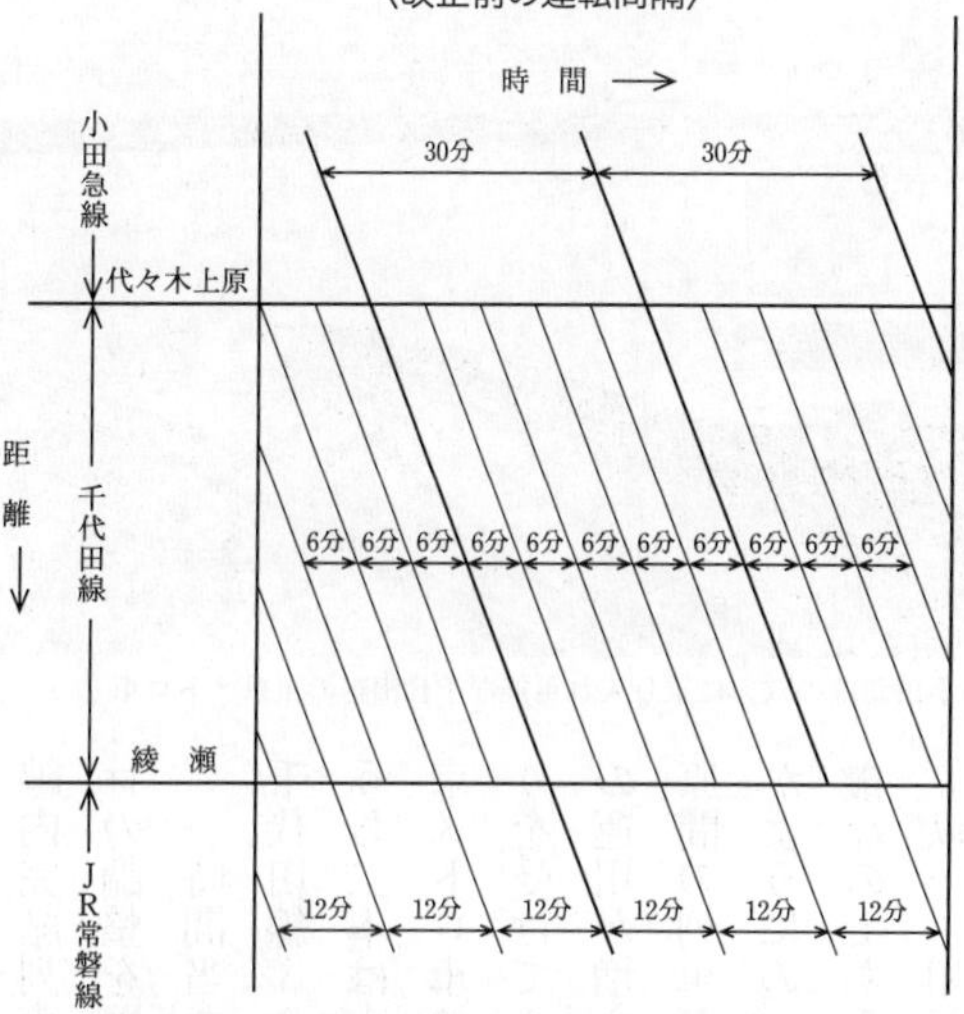

※改正前後ともにB線（代々木上原→綾瀬方向）列車を例示したがA線列車も同様

り列車は必然的に、東京メトロ車の限定運用となる。

ダイヤパターンの関係から、現在、小田急線〜千代田線間直通列車の大多数がJR線直通でもある。だから、千代田線内の各駅で見ていると、小田急線直通「多摩急行」唐木田行などは、東京メトロ車ばかりがやって来て、小田急車にはとんと出会わない、という怪現象が起こるわけだ。

改正前は、小田急線〜千代田線間直通列車のうち、綾瀬折り返しの列車を中心に小田急車が運用されていたので、そこそこバランス

JR 常磐線と小田急線の双方に乗り入れ可能な千代田線の東京メトロ車

がとれていた。今は、綾瀬～代々木上原間の千代田線内完結列車に小田急車を数多く運用して、車両キロの調整を図るしか手はないのである。

一時間当たり片道で六本設定（往復で一二本）の千代田線～ＪＲ線間直通列車のほうも、当然ながら、うち二本は小田急線直通となる関係から、それは東京メトロ車の限定運用とせざるを得ない。そのあおりを受けてＪＲ東日本車も、千代田線内完結列車への運用が増えている。平日の日中、綾瀬～代々木上原間の列車が小田急車とＪＲ東日本車ばかりなのも、かようにのっぴきならない事情あったればこその仕儀なのである。

以上、相互直通運転というやつ、こと車両運用だけを見ても、ややこしい柵ばかり。当事者たる鉄道事業者の列車ダイヤ作成ご担当様としては、メリットもあるけれど、デメリットも多く、痛し痒《かゆ》し悩ましげな存在というあたりが、実のところ本音ではなかろうか。

なお、千代田線関連では、〝悩ましげ〟を少しでも緩和したいためにか、ＪＲ東日本車の小田急線乗り入れ対応工事（小田急線走行に必要な信号・保安装置、無線装置の搭載など）、および小田急車のＪＲ常磐緩行線乗り入れ対応工事（常磐緩行線走行に必要な無線装置の搭載など。常磐緩行線の信号・保安装置は千代田線と同じ）を、現在進めている最中である。工事完了の暁には、千代田線における怪現象も、鳴りをひそめるに違いない。

第四幕
直通列車の特急券はややこしい

一　行く方向で渡される特急券が違う

ＪＲ特急「踊り子」が乗り入れる伊豆急

異なった鉄道事業者間における列車の直通運転では、その〝列車〟が座席指定制の特急列車だったりすれば、特急券の発券などに関しても、もろもろの〝ややこしい〟手続きが愉しめる。

伊豆半島東海岸の伊東〜伊豆急下田間四五・七キロを走る東急系の私鉄、伊豆急行には、ご承知のようにＪＲの特急列車「スーパービュー踊り子」と「踊り子」が伝統的に乗り入れている（双方、列車群を形成）。前者は東京・大宮・池袋・新宿〜伊豆急下田間の運転で全車座席指定制、後者は主に東京〜伊豆急下田間の運転となり、自由席車もあるけれど座席指定車の割合が高い。

両特急ともに車両はＪＲ東日本の持ち物であるから、それだけを捉えれば、ＪＲから伊豆急行への一方的な直通運転（片乗り入れ）に映るが、伊豆急行の車両もＪＲ東日本伊東線の熱海〜伊東間一六・九キロに普通列車として乗り入れているので、一応、相互直通運転（相

伊豆急下田駅で発車を待つ特急「踊り子」。登場当時の姿である

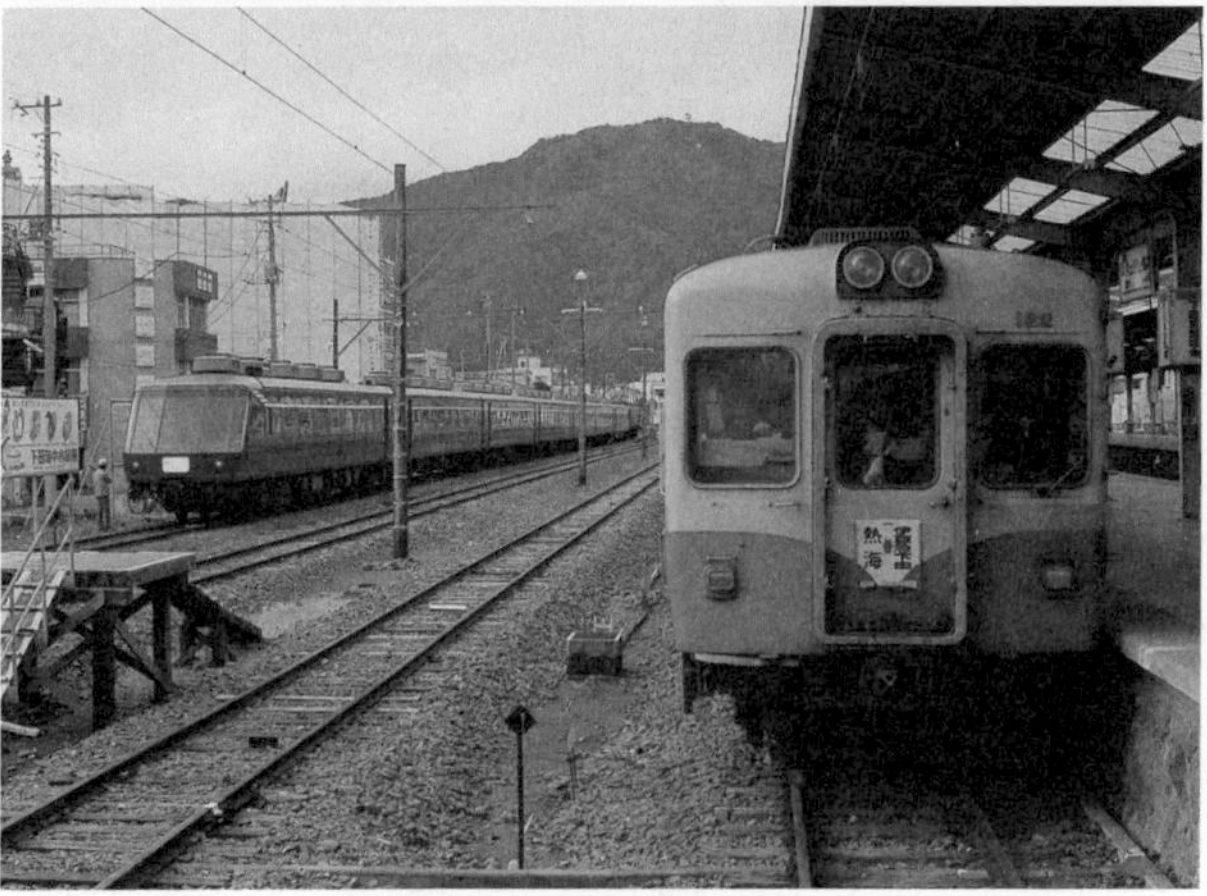

初期の伊豆急車（右）。開業時から国鉄伊東線を熱海まで乗り入れていた

熱海駅に停車中の現在の伊豆急車（元東急車）。朝と夜にはJR伊東線内折り返し運用も存在する

伊豆急行線の伊豆稲取駅で行き違う「踊り子」と「スーパービュー踊り子」

互乗り入れ）の形態をなしている（臨時列車では伊豆急車の〈アルファ・リゾート21〉が特急「リゾート踊り子」として、東京〜伊豆急下田間を走る）。

余談なるも、伊東線では、早朝と夜間帯を中心に、伊豆急車の折り返し〝場違い〟運転がよく見られる。

伊豆急内でもマルス券が発券される

さて、「スーパービュー踊り子」も、ただの「踊り子」も、どちらもＪＲの特急列車であるからして、その座席（指定席）の在庫管理は、国鉄譲りのマルス（ＭＡＲＳ）が行っていることは、もう言わずもがなであろう（マルス・システムの中央装置〔ホスト・コンピュータ〕は、東京都国分寺市所在の鉄道情報システム㈱〔ＪＲシステム〕が保有・運営している）。したがって、マルス端末設置のＪＲ線の駅窓口や旅行会社で、「スーパービュー踊り子」「踊り子」の特急券（指定席）をオーダーすると、他のＪＲ列車と同様、マルス券が手渡される（マルス端末のプリンターにより発券された乗車券類を便宜上〃マルス券〃と呼ぶ）。当然ながら、乗車区間がＪＲ線と伊豆急行線にまたがる連絡特急券も、同じくである。

ちなみに、連絡特急券の〃連絡〃は、「連絡運輸」が語源となる。経営の異なった運輸機関が協議し、客貨を円滑に受け渡し輸送することを目的として、協定を結んだ運輸事業者間で、通しの乗車券類（連絡乗車券、連絡特急券他）の販売などを契約によって可能とするのが「連絡運輸」である。列車の直通運転を行う鉄道事業者間には、必要不可欠な取り決めといえよう（近年はＩＣカード乗車券の普及から、必ずしもそうとはいえなくなってきているが）。ＪＲ旅客鉄道各社、およびＪＲ貨物と連絡運輸の協定を結んだ私鉄や第三セクター鉄道、バス会社、船会社などの路線・航路は、「連絡会社線」（連絡社線）と呼ばれる。むろん、伊豆急行線もその一派だ。

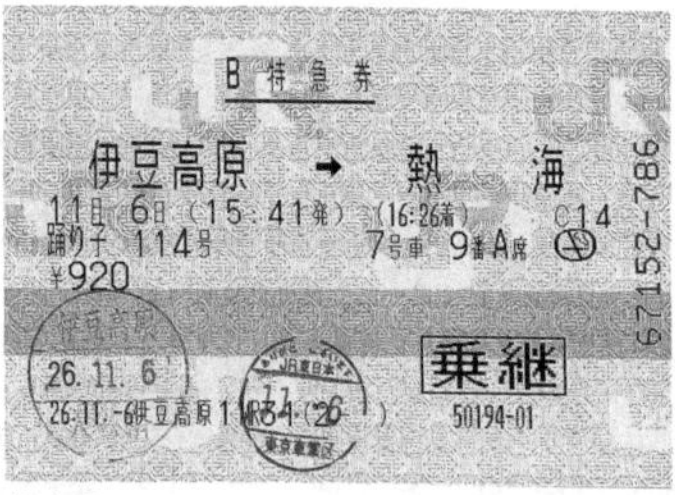

見本①

なお、〃乗車券類〃とは、乗車券に加え、特急券、急行券、特別車両券（グリーン券）、座席指定券、寝台券、コンパートメント券他、いわゆる〃料金券〃を含む、きっぷ全般の総称として使われる用語である。

話がいささか堅苦しくなってしまい、申し訳なく思う。で、「スーパービュー踊り子」「踊り子」の特急券（指定席）に話を戻せば、ＪＲ線の駅ではなく、伊豆急行線の駅でそれを買えば、果たしてどんな券が出てくるのだろうか。

伊豆急行線内の特急停車駅、伊豆高原、伊豆熱川、伊豆稲取、河津、伊豆急下田の各駅には、しっかりとマルス端末が設置されており、これらの各駅で特急券（指定席）を所望すれば、やはり一般的なマルス券が手渡される（見本①）。まあ、ＪＲ駅発券のマルス券との違いをあえてほじくり出せば、券面の右端に紫色の数字で、通し番号が振られていることぐらいだろう（見本①でいえば〃６７１５２－７８６〃という数字）。

ＪＲ駅設置のマルス端末プリンターに入れるマルス券原紙は、ドラム型のロール紙タイプのものなのに対し（発券時にその都度カットする）、旅行会社や連絡会社線向けの端末プリンターは、事前にマルス券のサイズにカットされた原紙（プリカット紙）を使用している。部外者ということで管理をより厳重にする必要があるのか、後者の原紙には盗難・紛失防止策として、件の通し番号が予《あらかじ》め印刷されているというわけ。

ホッチキス止めされる〝指ノミ券〟

ところで、このまま終わっては、話がちっとも〝ややこしく〟なくて、面白くもなんともない。だから、ここからがいよいよ本番である。

右にあげた特急停車駅で出される〝一般的なマルス券〟による特急券（指定席）というやつ、実はこれ、あくまでもＪＲ線にまたがって乗車となる連絡特急券の場合であって、乗車区間が伊豆急行線内完結の社線内特急券（指定席）ならば（例えば、伊豆稲取〜伊豆高原間乗車の場合など）、様相はガラリと変わってくる。

伊豆急行線の有人駅には、独自の乗車券類発売端末機（印刷発行機）を用意している。駅窓口係員の操作によって、同社線内の乗車券や近距離のＪＲ線連絡乗車券などを発券する装置である（長距離のＪＲ線連絡乗車券は、マルス端末でしか発券できない）。

特急停車駅において旅客より、伊豆急行線内特急券（指定席）のオーダーが入れば、係員はまず、乗車券類発売端末機で特急券（指定席用）を発券する。ただ、この端末機は、JRのマルス・システムには接続していないので、券面には乗車区間と金額は示されているものの、乗車列車名と座席番号の記入はない。

そこで係員は、続けざまにマルス端末を操作し座席を確保、通の間では、俗に〝指ノミ券〟〝指のみ券〟などとも呼ばれる、金額が〝¥＊＊＊〟となった「指定券」（乗車列車・区間と座席番号を明記）を発券のうえ、これを先に出した特急券にホッチキス止めして、旅客に手渡すこととなる（見本②、特急券とグリーン券が一緒になったもの）。

何故、そんな二度手間なことをするのかといえば、伊豆急行線に設置のマルス端末は、あくまでもJR線に関係する乗車券類（連絡乗車券、連絡特急券、熱海で乗り継ぎの新幹線特急券［これは委託販売となろう］など）を発券するため、JR東日本が同社に貸与しているものである。ゆえに、伊豆急行線内完結となる乗車券類の発券は、御法度《ごはっと》の定め（他の連絡会社線に設置のマルス端末も同様に、発売可能な乗車券類が限定される場合が多い）。

けれども、「スーパービュー踊り子」「踊り子」の座席（指定席）は、すべてマルス・システムで在庫管理している。だから、伊豆急行線内だけの利用でも、マルス端末を操作して座席番号をもらわなければならない。そこで、金額がゼロのために乗車券類とはみなされない

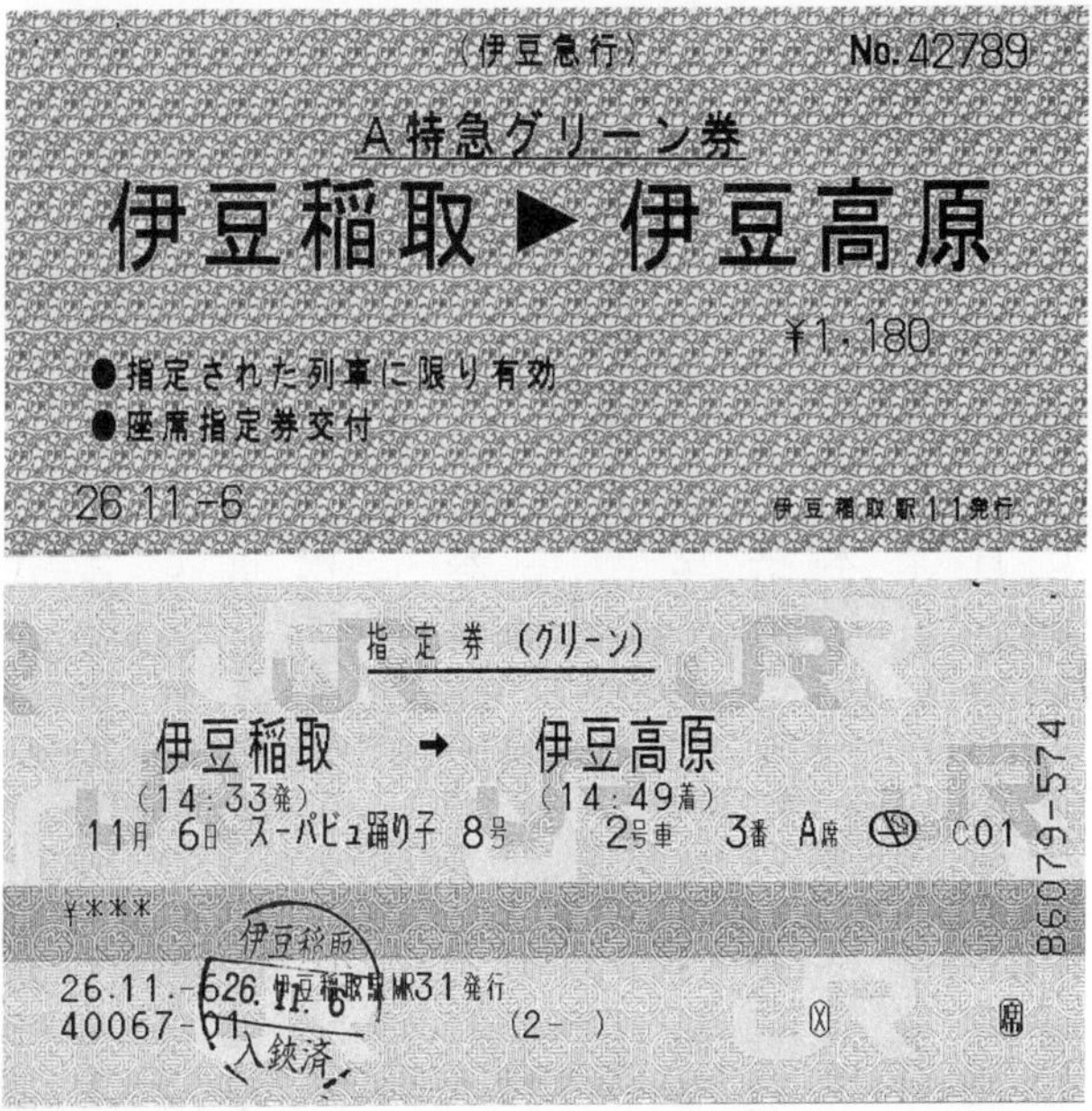

見本②

「指定券」を出し、伊豆急行線内特急券に添付するという手筈になる次第。

俗称〝指ノミ券〟、なんだか少し痒くなりそうな名だが、これの券面に書かれたタイトルは「指定券」であるものの、性格は〝座席番号案内票〟的なものだ。「ムーンライトながら」他快速列車の座席指定車利用に必要となる、有料の座席指定券（こちらの券面タイトルは「指定席券」）と紛らわしいのが、玉に瑕《きず》といえようか。

通常のマルス券のサイズは、

タテ五・七五センチ、ヨコ八・五センチのところを、伊豆急行線など連絡会社線内完結の〝指ノミ券〟は、寝台特急の個室寝台券と同じヨコが一二センチという点も、見所かもしれない。ちょっと仰々しい感じだけれども、このマルス券、経路数の多い乗車券、運賃登録のない連絡会社線への連絡乗車券（金額手入力）、一部の企画乗車券やイベント券などでも眼にするタイプで、自動改札機は非対応である。

二　アナログな特急券も大活躍

伊東で常備される〝軟券〟

ＪＲ東日本の伊東線と伊豆急行線の境界であり、両社の共同使用駅となる伊東駅において、「スーパービュー踊り子」並びに「踊り子」の特急券（指定席）を買うのも、また一興かもしれない。伊東はＪＲ東日本の管理で、駅係員はすべて同社の社員、伊豆急行の駅係員は配置されていない（伊豆急行乗務員の控え室ならばあるけれど）。

ちなみに同駅は、ＪＲ東日本最南端の駅である（最北端は大湊《おおみなと》線の下北）。で、伊東駅には「みどりの窓口」もあって、当たり前だがマルス端末も設置されている。その窓口で、Ｊ

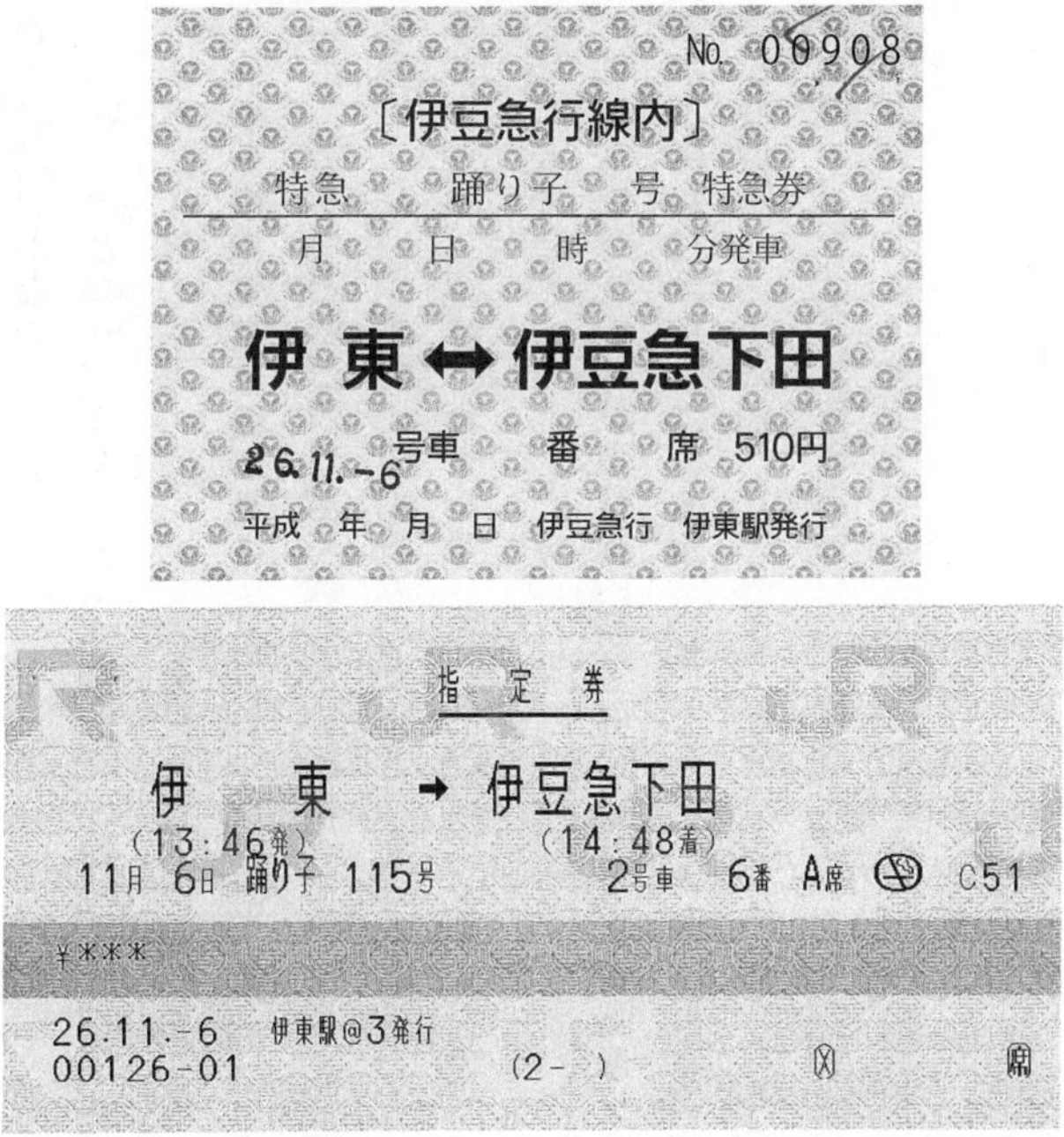

見本③

R東日本の係員氏に、「スーパービュー踊り子」あるいは「踊り子」の特急券（指定席）をお願いすると、乗る方向によって、まるで違った展開となる。

伊東から上り、熱海・東京方面の乗車の場合、ＪＲ線の利用であるため、〝一般的なマルス券〟で難なく特急券は発売される。けれども、伊東から下り、伊豆高原・伊豆急下田方面の乗車となれば、伊豆急行線内完結利用であって、〝一般的なマルス券〟というわけにはいかない。

お察しのとおり、まず、マルス端末で、例のヨコ長一二センチサイズの〝指ノミ券〟を発券する（ＪＲの駅なので、通し番号は入っていない）。そして次だが、伊東駅には伊豆急行の乗車券類発売端末機がない（これもＪＲの駅のため）。よって、ＪＲ東日本の係員氏は、俗に〝軟券〟と呼ばれる薄く軟らかい紙に、予め工場で必要事項を印刷した伊豆急行線内特急券（こういう事前に印刷済みの乗車券類を「常備券」という）を、引き出しからおもむろに取り出し、日付印を捺して、それに〝指ノミ券〟をホッチキス止めする、という段取りである（見本③）。

この常備券式の伊豆急行線内特急券には、列車の号数、乗車日・発車時刻、座席番号を記入する欄が設けられているが、〝指ノミ券〟からの転記だと、書き間違いの恐れもあり、手間もかかろう。ゆえに、〝指ノミ券〟添付という確かなやり方を実践するようだ。券面の下端には、〝伊豆急行 伊東駅発行〟と印刷している。ＪＲ東日本社員は、伊東駅における伊豆急行に関する窓口業務一切を、任されているという次第。

伊豆箱根鉄道で「踊り子」を買ってみると…

ついでだから、「踊り子」絡みの話題をもう一席。

ご存じのように特急「踊り子」には、伊東・伊豆急下田方面の列車に加え、東京〜熱海間で併結運転となる、中伊豆は修善寺に入る列車も存在する（一五両編成の「踊り子」の場合、1〜10号車が伊豆急下田発着、11〜15号車が修善寺発着）。東海道本線の三島を起点に、修善寺までの一九・八キロを結ぶ西武系の私鉄、伊豆箱根鉄道駿豆《すんず》線に直通の「踊り子」である。こちらは、JR側の一方的な片乗り入れ運転の形態をとる。

さて、その伊豆箱根鉄道で「踊り子」の特急券を買うと、どんな様式のものに出会えるのだろうか。

駿豆線内の特急停車駅は、三島田町、大場《だいば》、伊豆長岡、大仁《おおひと》、修善寺の各駅、うちマルス端末の設置があるのは、終点の修善寺のみとなる（駿豆線とJR線との接続駅三島はJR東海の管内のため、同社が貸与）。そこ修善寺で「踊り子」の特急券（指定席）を買えば、通し番号入りながら〃一般的なマルス券〃が出てくるのは当然の話（見本④）。

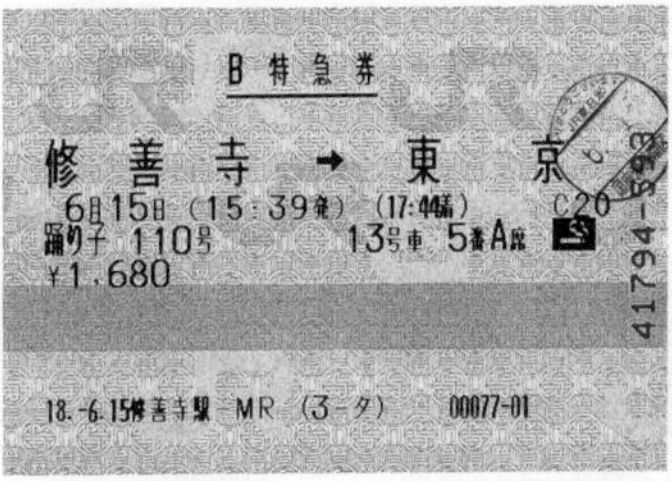

見本④

伊豆箱根鉄道駿豆線を行く特急「踊り子」

特急「踊り子」は駿豆線内だけ利用の場合、特急券は不要

期待に胸膨らむのは、他の特急停車駅である。ズバリいえば、〝他の特急停車駅〟で特急券（指定席）を申し込むと、まず、窓口係員は修善寺駅に電話をかけ、マルス端末の操作を依頼、空席があれば座席番号を口頭で伝えてもらい、それを軟券の常備券式（予め必要事項を印刷し

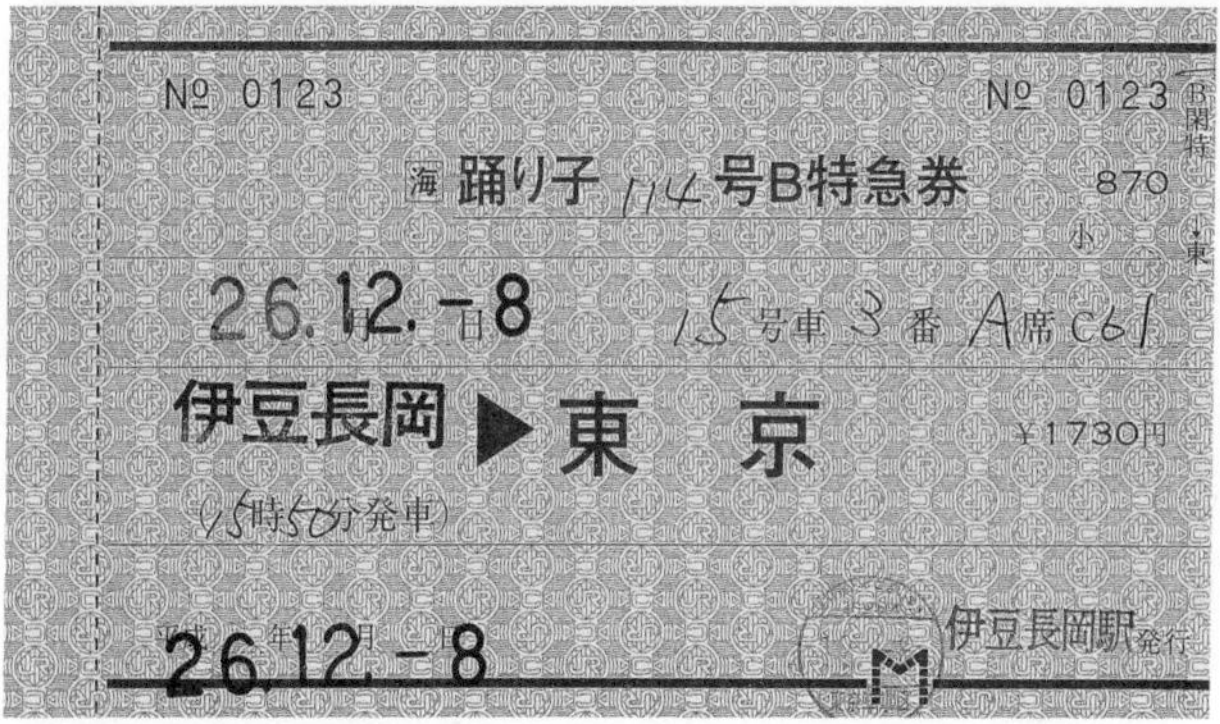

見本⑤

たタイプ）特急券にボールペンで記入、日付印も捺《お》して、はい一丁出来上がりという寸法である（見本⑤）。

連絡会社線が用意するＪＲ線連絡の軟券・常備券式特急券は、当該社のオリジナル様式がけっこう存在するなか、ここ伊豆箱根鉄道で出されるそれは、律儀にも『東日本旅客鉄道株式会社 旅客営業規則』や『東海旅客鉄道株式会社 旅客営業規則』（前にも記したとおり内容はＪＲ旅客鉄道六社でほぼ同じ）の第２１１条（常備急行券の様式）で規定する、軟券式の指定席特急券の様式に準じたものだ。

まあ、そうなるのも必然であろう。実は、伊豆箱根鉄道駿豆線の場合、特急停車駅で売られる「踊り子」の特急券は、ＪＲ線連絡特急券というよりも、委託販売のＪＲ線内特急券といった性格なのである。

伊豆箱根鉄道には特急料金の設定がなく、駿豆線内

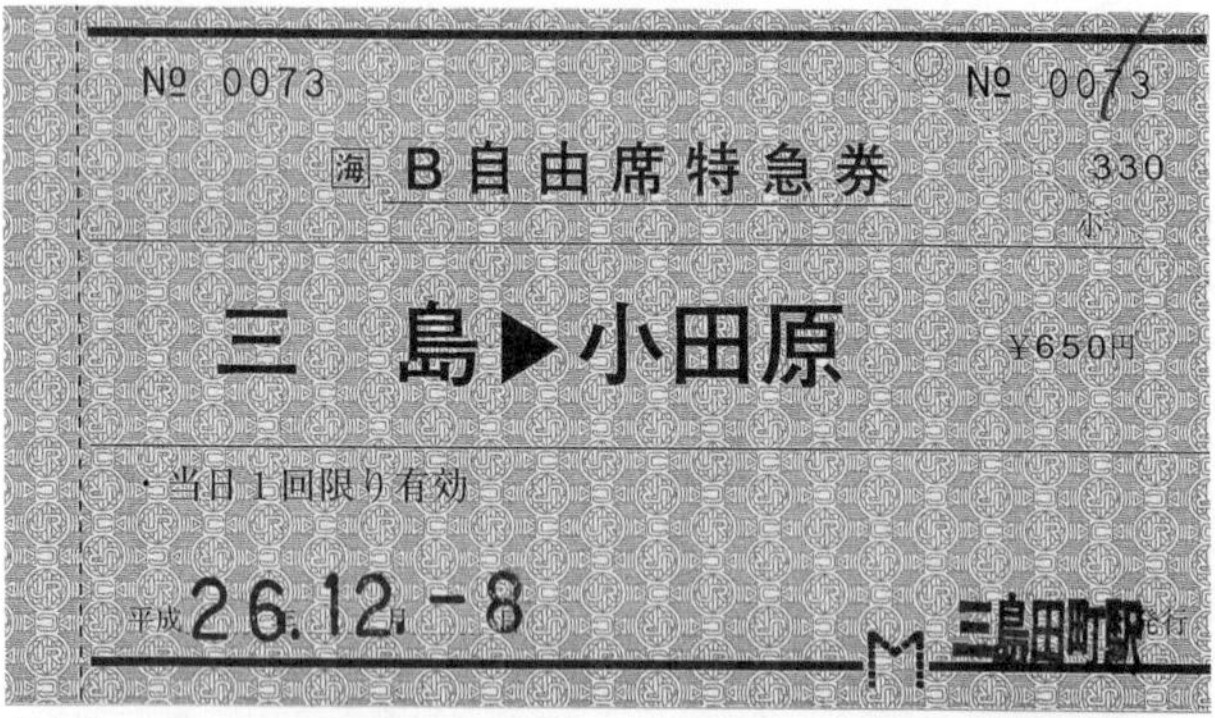

見本⑥

を走行中の「踊り子」は、列車種別こそ「特急」なれども、普通乗車券で自由席車に乗れる快速列車的な存在となる。だから、特急券（指定席）の券面には、駿豆線内の乗車駅が記されるものの、支払うお金は三島以遠ＪＲ線内の特急料金のみである（ＪＲ線の指定席特急料金さえ支払えば、駿豆線内も指定席が利用できるという扱い）。

駿豆線内の特急停車駅で、「踊り子」の自由席特急券を買えば、そのことは、よりハッキリする。どの駅でも、手渡されるそれの券面、乗車区間を見れば、三島から下車駅までとなっているはず（見本⑥）。

三　座席予約装置ありながらの手作業発券

東武端末とマルス端末が並んで設置

ＪＲ東日本と東武の間で運転される直通特急の特急券発売も、けっこうややこしい。

東武鉄道は小田急電鉄と並んで、戦後間もない時期から座席指定制の特急列車を運転する、その分野では関東の老舗的存在の私鉄である。当然、現在は独自の座席予約システムを持っており、東武線内運転の「けごん」「きぬ」「スカイツリートレイン」「きりふり」「ゆのさと」「しもつけ」「りょうもう」といった特急列車（いずれも全車座席指定制）の特急券は、同社線内各駅（一部の駅を除く）に設置の端末機・自動券売機（座席予約システムにオンライン接続）で、簡単に買うことが出来る（見本⑦）。

見本⑦

けれども、ＪＲ東日本～東武間直通特急（東武では〝ＪＲ直通特急〟と呼んでいる）に関しては、そういうふうにはいかない。

〝ＪＲ直通特急〟は、ＪＲ線の新宿と東武日光とを結ぶ列車が「日光」（ＪＲ東日本車使用）および「スペーシア日光」（東武車使用）、新宿～鬼怒川《きぬがわ》温泉間運転の列車が「きぬがわ」（ＪＲ東日本車使用）と「スペーシアきぬがわ」（東武車使用）という陣容で（臨時にＪＲ側が品川、大船、千葉、八王子発着となる列車も運転されるときがある）、全車座席指定制であることは、東武線内特急と同じ。ＪＲ線と東武線にまたがって乗車となる特急券は、ＪＲ東日本の主な駅の「みどりの窓口」、東武鉄道の主な駅、および主な旅行会社にて発売、と案内している（ＪＲ線と東武線の境界は栗橋だが、右の特急群は乗務員交代のため同駅に停

東北本線を行く特急「スペーシアきぬがわ」

見本⑧

車するものの旅客の乗降は取り扱わない。すなわち、時刻表上は〝通過〟である）。

特急券がＪＲ東日本の「みどりの窓口」で発売されるわけだから、ご想像のとおり、ＪＲ直通特急の座席は、東武の座席予約システムではなく、マルス・システムにより在庫管理が行われている。結果、ＪＲ東日本の駅で特急券を買えば、〝一般的なマルス券〟が出てくるのは必定（見本⑧）。

では、東武鉄道の駅で買うと、何が出てくるのだろうか。これが、駅によって、また乗車区間によって異なるというから、ここでもややこしさを愉しめよう。

ＪＲ直通特急の東武線内主要停車駅には、マルス端末が設置されている。東武日光駅などで特急券売り場を覗《のぞ》けば、東武の端末と並んでマルス端末が置かれているのが、はっきりと見てとれる。こういった駅での東武の窓口係員氏は、旅客から東武線内特急のオーダーが入れば自社の端末を、ＪＲ直通特急のオーダーが入ればマルス端末を、それぞれ操作することになる（マルス端末ではＪＲ連絡特急券に加えて、ＪＲ連絡乗車券の発券も可能。出てくるのはともに、通し番号入りの〝一般的なマルス券〟）。設備が二重でなんだか仰々しいけれど、座席の在庫管理が、二元管理となっているのだから仕方がない。

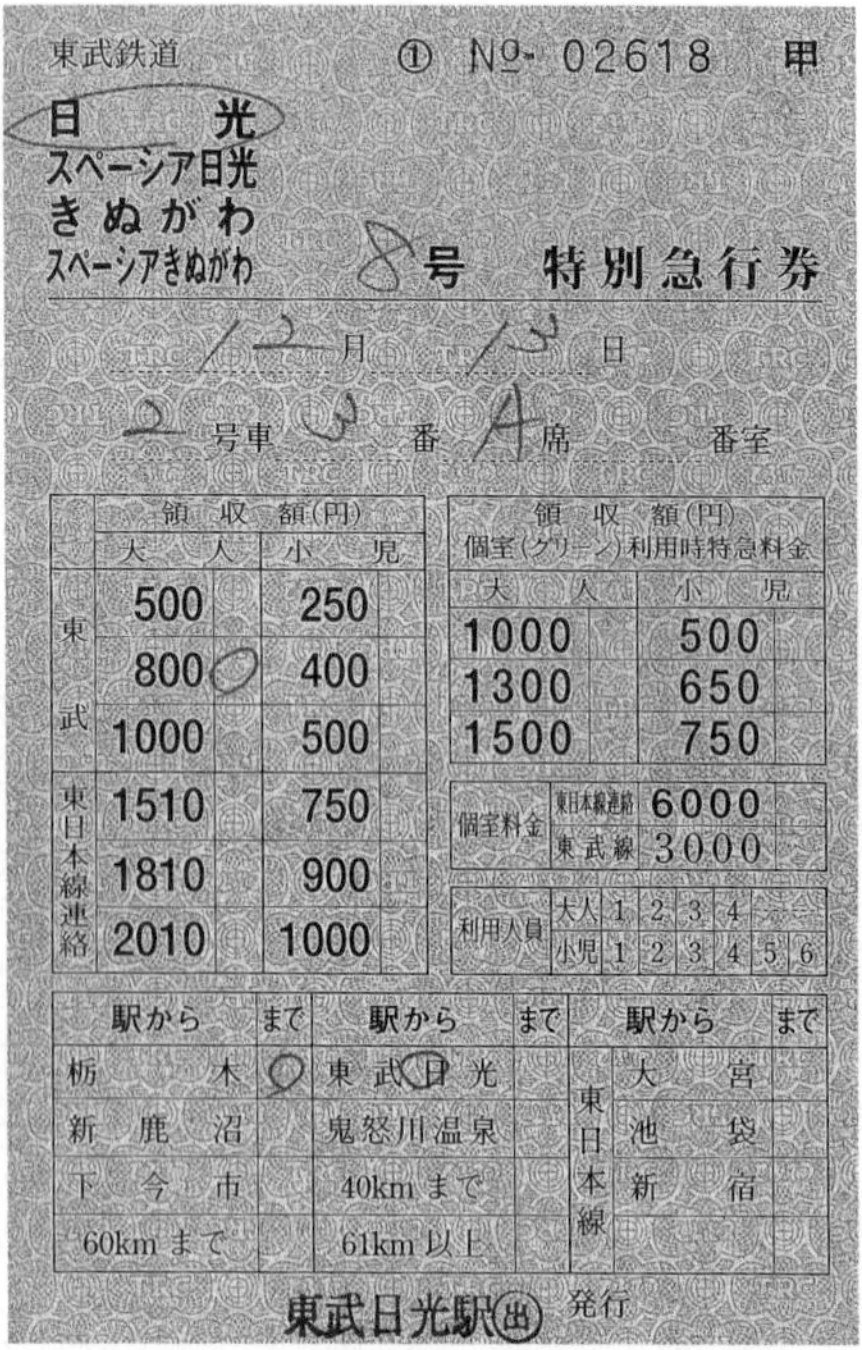

東武鉄道 ① №. 02618 甲

日光
スペーシア日光
きぬがわ
スペーシアきぬがわ 8号 特別急行券

12月 13日

2号車 3番 A席 番室

	領収額(円) 大人	領収額(円) 小児
東武	500	250
東武	800	400
東武	1000	500
東日本線連絡	1510	750
東日本線連絡	1810	900
東日本線連絡	2010	1000

領収額(円) 個室(グリーン)利用時特急料金 大人	小児
1000	500
1300	650
1500	750

個室料金	
東日本線連絡	6000
東武線	3000

利用人員						
大人	1	2	3	4		
小児	1	2	3	4	5	6

駅から	まで	駅から	まで		駅から	まで
栃木		東武日光		東日本線	大宮	
新鹿沼		鬼怒川温泉		東日本線	池袋	
下今市		40km まで		東日本線	新宿	
60km まで		61km 以上		東日本線		

東武日光駅(出) 発行

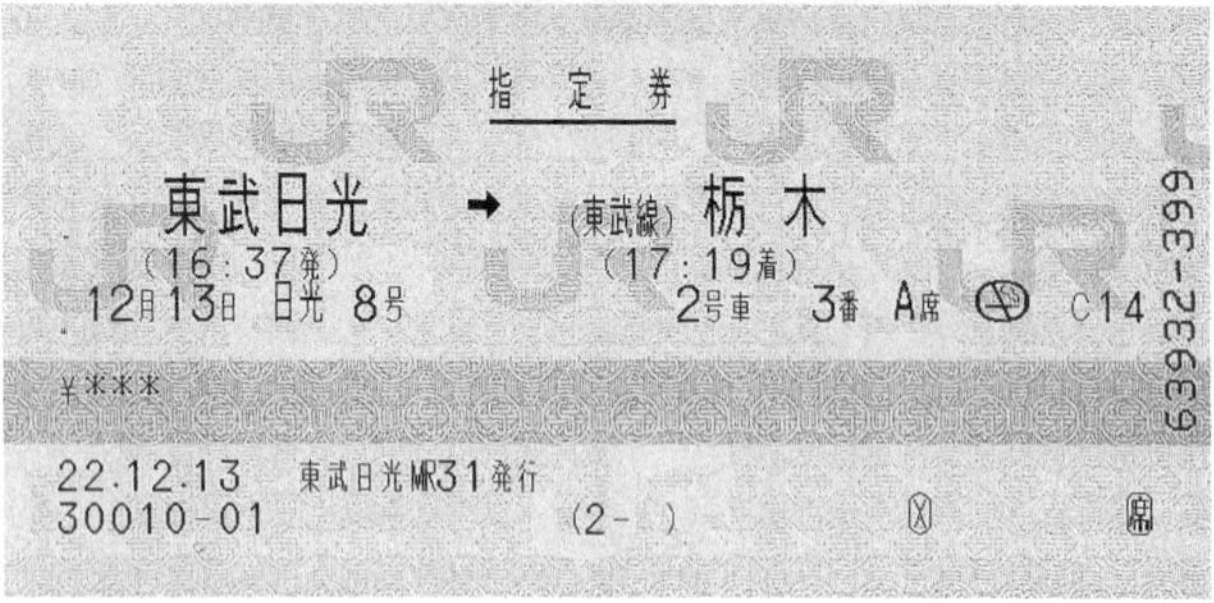

指定券

東武日光 → (東武線) 栃木
(16:37発) (17:19着)
12月13日 日光 8号 2号車 3番 A席 C14
¥***
22.12.13 東武日光MR31発行
30010-01 (2-)
63932-399

見本⑨

オリジナルの手書き〝補充券〟

ここでも、お約束事がある。JR直通特急を、東武線内だけ利用する旅客が現れた際だが、そう、予想のとおり、東武の係員氏はマルス端末で、まず一二センチサイズの〝指ノミ券〟（通し番号入り）を発券する。次が肝腎の見所。続いて、自社オリジナルの特急料金補充券に必要事項を手書きして、東武線内特急券を作成、両者をホッチキス止めのうえ旅客に手渡すという戦法だ（見本⑨）。

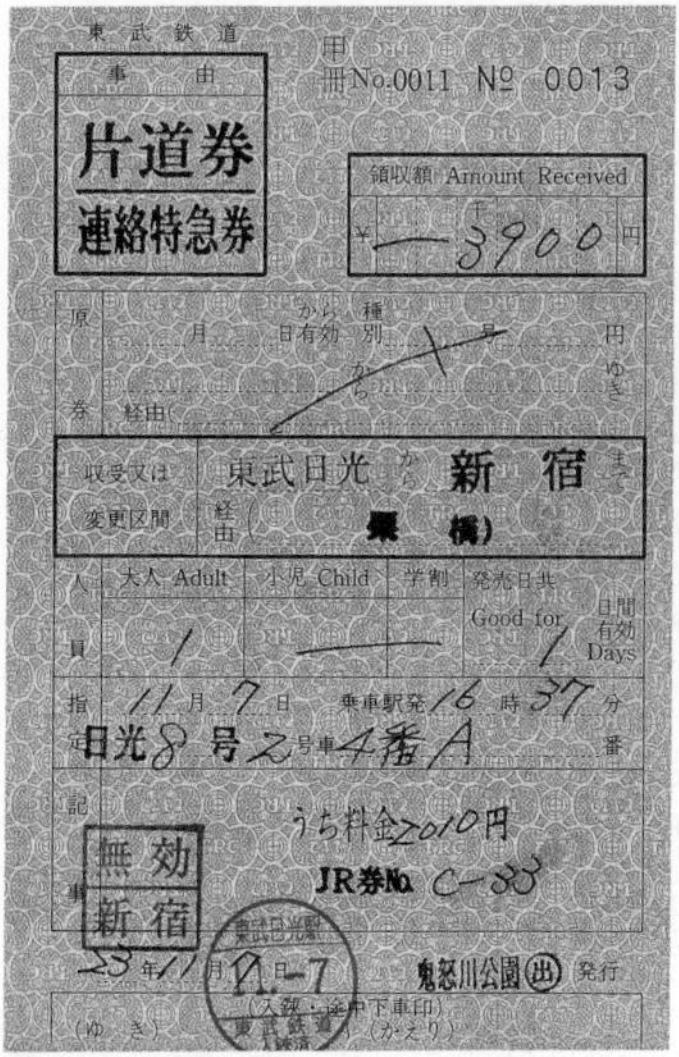
東武鉄道
事由
片道券
連絡特急券
甲 冊No.0011 №0013
領収額 Amount Received ¥—3900円
収受又は変更区間 東武日光 から 新宿 まで 経由（栗橋）
大人 Adult 1 小児 Child — 学割 発売日共 Good for 1 Days 日間有効
指定 11月7日 乗車駅発16時37分 日光8号2号車4番A
記事 うち料金2010円 JR券No. C-33
無効 新宿
23年11月7日 鬼怒川公園(出) 発行

見本⑩

〝補充券〟とは、端末や常備券では対応できない場合に用いる、手書きのきっぷである。右の東武オリジナル特急料金補充券は、自社端末では扱えないJR直通特急「日光」「スペーシア日光」「きぬがわ」「スペーシアきぬがわ」用の備えで、東武線内特急券だけでなく、JR連絡特急券も作れる様式となっている。

東武線内におけるマルス端末設置駅は、

かなり限定的な存在である。では、それがない東武の駅では、ＪＲ直通特急の特急券は売れないのかといえば、そんなことはない。

当該の駅では、窓口係員氏はマルス端末設置駅に電話をかけて座席番号を聞き、特急券だけのオーダーならば、先ほどの自社オリジナル特急料金補充券で、ＪＲ連絡特急券なり東武線内特急券なりをこしらえる（座席番号は手書きで記入）。

そして、特急料金補充券の用意がない駅、および、用意があっても旅客のオーダーが、ＪＲ連絡特急券とＪＲ連絡乗車券のセットであるならば、いよいよ万能の出札補充券での対応となる（見本⑩）。

これ、数ある補充券のなかでも最も汎用性が高く、ありとあらゆる乗車券類が手作り可能な優れもの。その基本様式は、『東日本旅客鉄道株式会社 旅客営業規則』をはじめとするＪＲ旅客鉄道各社の「旅客営業規則」第２２５条で規定されており、それに準じた様式の出札補充券を連絡会社線各社も用意する。東武鉄道の出札補充券も、多少の独自性は見られるものの、ＪＲの規定に則している。

それにしても、である。自社の端末を横目にしながらの手書き作業による特急券の発券。東武の窓口係員氏の心境は如何に。

四　「あさぎり」号特急券の不思議

時代に応じて変化してきたロマンスカー

小田急電鉄のロマンスカーがJR東海の御殿場線へ一方的に乗り入れる、新宿〜御殿場間の特急「あさぎり」（平日三往復、土曜・休日四往復運転、全車座席指定制）の特急券についても、どうなっているのか、ちょっと気になるところである。

JR東日本〜東武鉄道間直通特急の運転開始が平成一八年と、まだ歴史が浅いのに対し、第一幕でも紹介した特別準急「銀嶺」「朝霧」「芙蓉」「長尾」を起源とする、小田急の御殿場線乗り入れは、昭和三〇年という古きに始まっている。かように長い歴史を有するだけに、その運転形態は時々に変化してきた。

当初、国鉄御殿場線は未電化だったゆえ、小田急は〃電鉄〃でありながらも、ディーゼルカーを用意して、新宿〜御殿場間に「銀嶺」「芙蓉」の一日二往復運転からスタート、大好評のため昭和三四年には、「長尾」「朝霧」を加え四往復運転となる。

昭和四三年七月一日、御殿場線電化開業により、車両を元祖ロマンスカーSE車の短編成

元祖ロマンスカーSSE車を使用した新宿～御殿場間の連絡急行「あさぎり」（右）

新宿～沼津間運転時代の特急「あさぎり」。右は小田急ロマンスカーRSE車、左はJR東海車

新宿～御殿場間運転の現在の特急「あさぎり」（左）。車両は最新ロマンスカーのMSE車

版、ＳＳＥ車に置き換え、同時に四往復とも列車名を「あさぎり」に統一する。その直後に、ご案内済みの国鉄〝ヨン・サン・トオ〟のダイヤ改正があり、列車種別を「特別準急」から「連絡急行」に改める（既述のとおり、国鉄が「準急」をすべて「急行」に格上げしたため）。

昭和六二年四月一日、国鉄改革の断行により御殿場線はＪＲ東海に帰属、平成三年三月一六日には、小田急とＪＲ東海の双方が新型特急車を用意のうえ（小田急側はＲＳＥ車）、「あさぎり」を四往復とも特急に格上げ、運転区間も新宿〜御殿場〜沼津間に拡大する（この段階で、小田急とＪＲ東海の相互直通運転の形態と化す）。

なかなか景気のよい話で、西伊豆観光の活性化などにも期待が持たれたが、バブルが弾《はじ》けると、御殿場〜沼津間の利用状況が芳しくなくなり、平成二四年三月一七日改正では、新宿〜御殿場間の運転に戻される。消極策ではあるけれど、使用車両に関しては、小田急ロマンスカー最新のＭＳＥ車に置き換わった（小田急からＪＲ東海への片乗り入れに復す。なお、ＭＳＥ車は、東京メトロ千代田線〜小田急線間の直通特急ロマンスカーにも運用される車両、まさに〝Ｍｕｌｔｉ　Ｓｕｐｅｒ　Ｅｘｐｒｅｓｓ〟である）。ここで、運転本数が平日は三往復となり、現在に至っている。

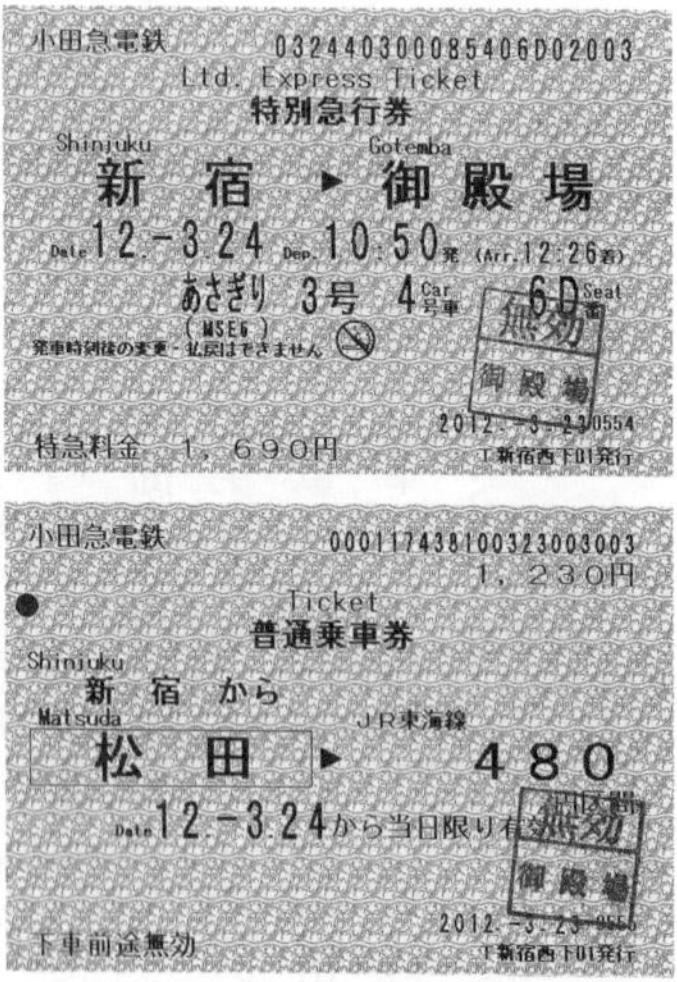

見本⑪

メトロの券売機もオンライン接続

かかる変遷があるだけに、特急券もその時その時、いろいろだ。まずは、今の様子から。

市販の『JR時刻表』『JTB時刻表』をめくると、「あさぎり」の特急券については、小田急線内の駅を発駅または着駅とする場合（つまりJR線と小田急線にまたがって乗車の場合）、JR東海の主な駅の「みどりの窓口」、小田急線の各駅、および主な旅行会社で買い求めるよう案内されている。

ご案内に従い、小田急線の駅で購入すれば、出てきたのは一般的な小田急の特急券で、乗車券も一緒にほしいと言うと、双方は一葉とはならずに、二枚別々であった（見本⑪）。

あらためて申し上げるのも野暮だが、ロマンスカーによる数多くの特急列車（自社線内運転の他、多くが箱根登山鉄道へ乗り入れ、これに既述の東京メトロやJR東海乗り入れ列車もラインナップに加わる）を走らせる小田急電鉄だから、当然ながら自社独自の座席予約システムを備えており、各駅にはそれとオンライン接続された端末が置かれている。

「あさぎり」の座席は、伝統的に小田急側が在庫管理を行っており、小田急の駅で特急券を買えば、「はこね」や「さがみ」「えのしま」など他の特急ロマンスカーと同じ様式のものが出されるのは、当たり前の話である。

小田急の座席予約システム（端末）より発券の特急券は、見た目に独特な要素を備えている。タイトルが由緒正しき「特別急行券」と記されること、このタイトルおよび乗車駅・下車駅などの表記が英文字併記となること、乗車列車名のそばにカッコ書きで使用車両の種類（ＬＳＥ、ＥＸＥ、ＶＳＥ、ＭＳＥなど）が添えられること、そして、券面の右上に、一部アルファベット文字が混じる二一桁の数字が並ぶことである。

余談だが、千代田線の駅に設置の特急券自動券売機で、東京メトロ～小田急直通の特急ロマンスカー「メトロはこね」

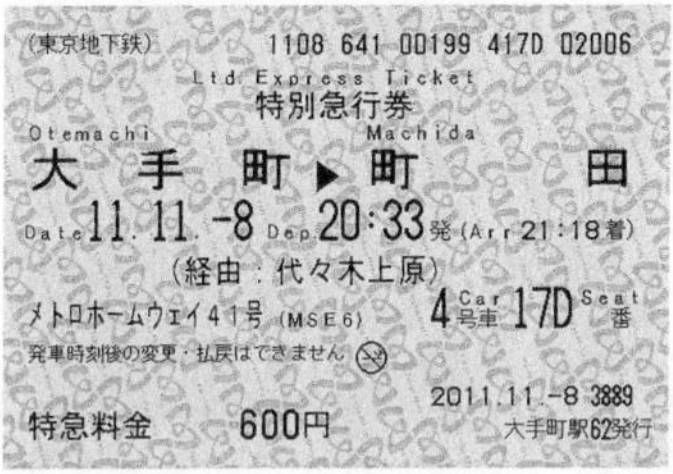

見本⑫

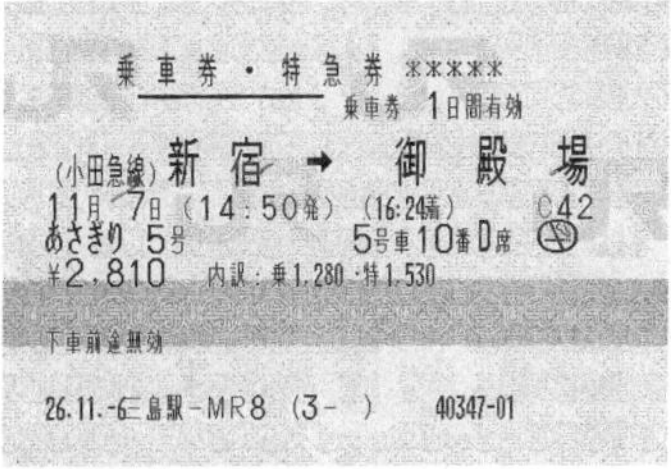

見本⑬

「メトロさがみ」「メトロホームウェイ」の特急券を買えば、やはり二一桁数字を券面の右上に見ることが出来る（見本⑫）。東京メトロの券売機も、小田急の座席予約システムに、オンライン接続されていることの証《あかし》といえよう。

ところが、である。これが何故だか、JR東海の「みどりの窓口」で「あさぎり」の特急券を買うと、手渡されるのは〃一般的なマルス券〃となり、券面に二一桁数字は見当たらない。乗車券も一緒に求めれば、マルス券ではお馴染みの、特急券と一葉になったものが出てくる（見本⑬）。

はて、「あさぎり」の座席は、小田急の座席予約システムで在庫管理しているのではないのか。なんとも、不可思議な現象である。

五　一部の座席は別管理

珍品・マルス券用紙に小田急印字

実は、「あさぎり」の座席、一部ではあるものの〃マルス枠〃というやつを設けており、これが文字どおりマルス・システムによって在庫管理されている。結果、JR東海の「みどりの窓口」で「あさぎり」の特急券をオーダーすれば、マルス端末で、そのマルス枠内の空席を探し、〃一般的なマルス券〃による発券となるわけだ。

ただ、マルス枠の座席数は極端に少ない。上り列車始発駅であるために、「あさぎり」の特急券購入者が、ＪＲ東海の駅としては際だって多い御殿場で、マルス枠から座席をもらい発券しようものならば、たちまち満席となってしまおう。そこで、御殿場駅にはマルス端末に加え、小田急の端末（ＭＳＲ端末と呼ぶらしい）も用意されている。

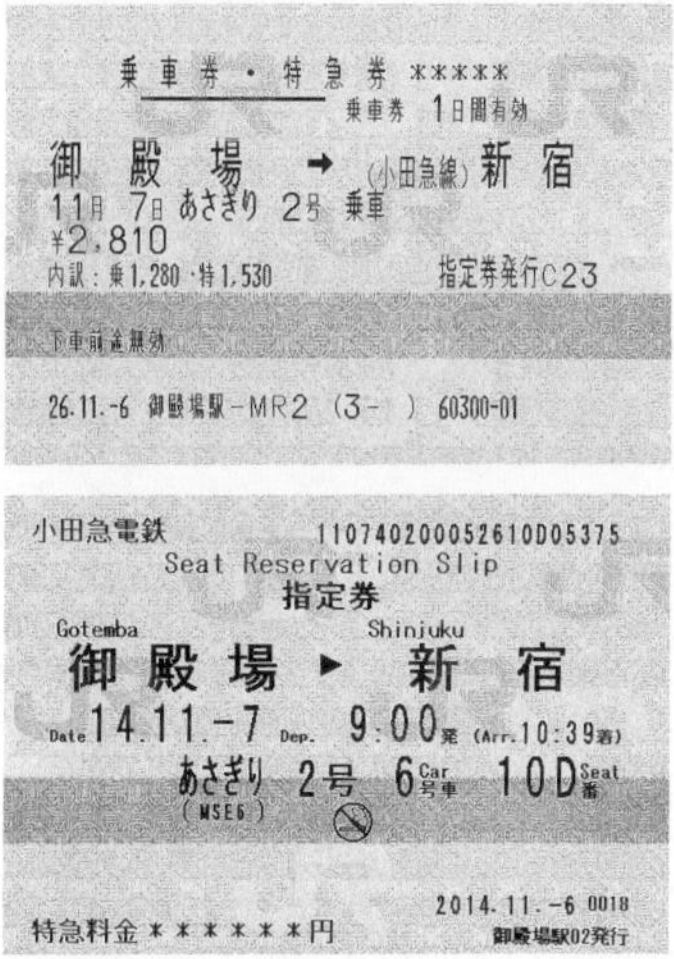

見本⑭

「あさぎり」のオーダーが入れば、ＪＲ東海の窓口係員氏は、小田急の端末を操作して（小田急の座席予約システムが在庫管理する座席をもらい）〃指ノミ券〃を発券、続いてマルス端末を操作、座席番号なしの小田急線連絡特急券（小田急線連絡乗車券と一葉にすることも可能）を出し、その二枚を旅客に渡すという手筈である（見本⑭、自動改札機を通せるようホッチキス止めはしない）。

この御殿場駅の小田急端末から出てくる〃指ノミ券〃というのが、また珍品中の珍品。なんと、マルス券の原紙に小田急特急券様式の印字がなされるという代物《しろもの》で、見慣れていないせいか、ちょっと不気味な感じもする券なのである。券面の左上には〃小田急電鉄〃の文字が躍り、〃御殿場〃や〃新宿〃といった駅名の字体なども、〃一般的なマルス券〃とは明らかに異なっている。まさに、御殿場駅ならではの、通には堪えられない貴重な一品といえようか。

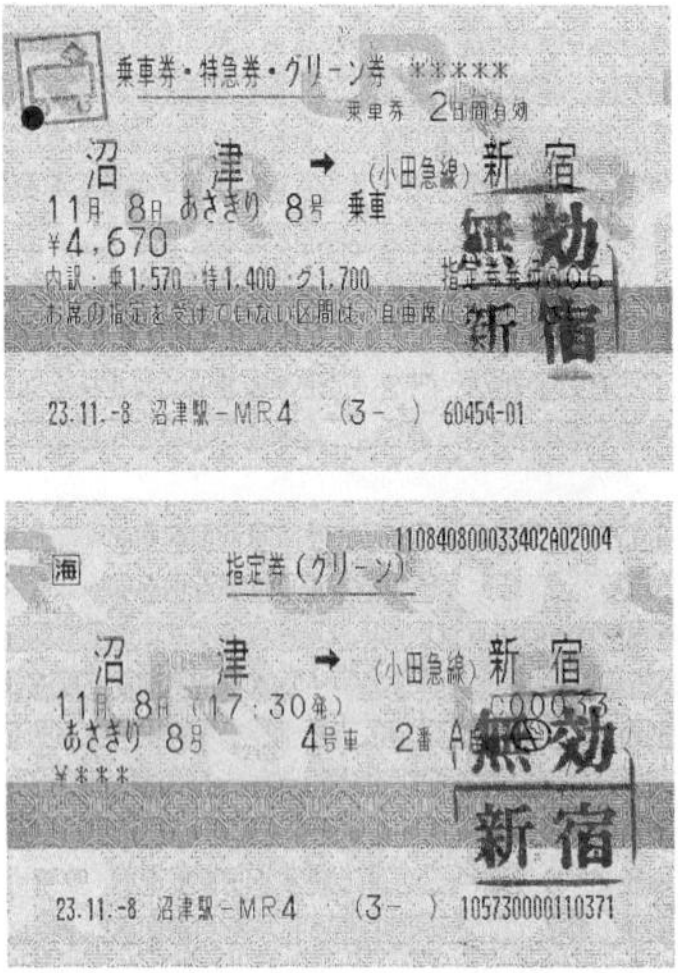

見本⑮

マルス枠設置前は？

「あさぎり」にマルス枠が設けられたのは、平成二五年三月であり、つい最近のこと。では、それ以前、ＪＲ東海の駅ではどうやって特急券を発券していたのだろうか。

かつては、めっぽう特殊な方法が用いられた。ＪＲ東海のマルス端末の専用メニューとして、小田急の座席予約システムに接続する機能を持たせていたのである。オンラインで小田急のサーバーに問い合わせ、空席を確保し〝指ノミ券〟を発券、これにマルス端末のまっとうな操作によって発券した、座席番号なしの小田急線連絡特急券（小田急線連絡乗車券と一葉可）を添えるというやり方だ（見本⑮）。

そのころの〝指ノミ券〟は、〝一般的なマルス券〟に近い様式なれども（通はＰＯＳ券に近いと言う）、券面の右上に二一桁の数字が並ぶなど、小田急の座席予約システムが係わっていることが、なんとなくわかるものだった。

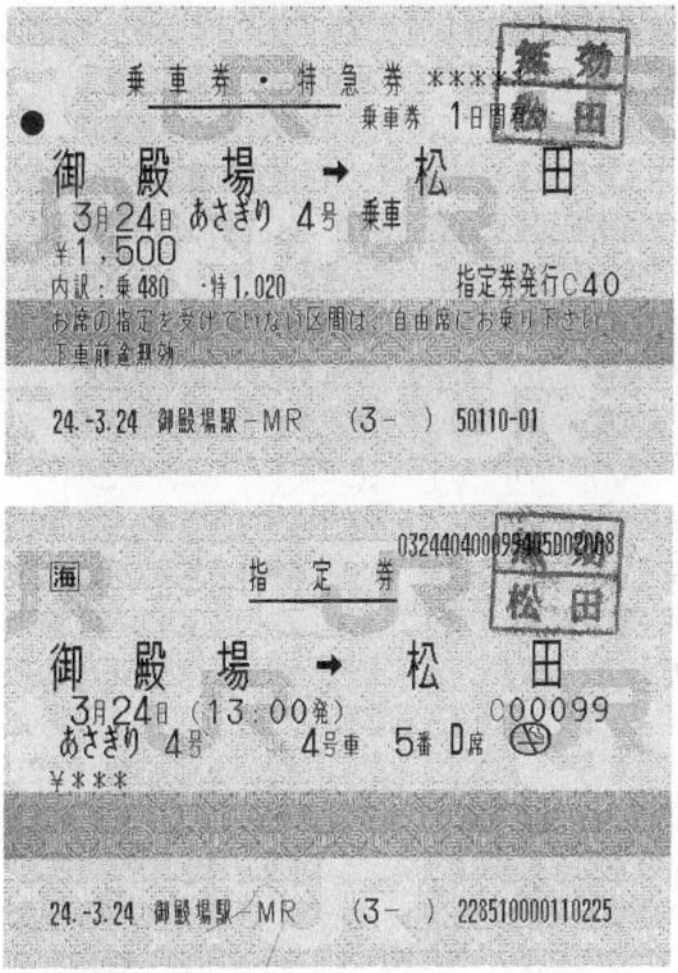

見本⑯

当時は、「あさぎり」の全ての座席が、小田急の座席予約システムにより在庫管理されていたわけだから、当然、ＪＲ線内だけの利用でも、小田急にオンラインで問い合わせ、〝指ノミ券〟を出す必要があった

（見本⑯）。

まあ、いずれにしても、右の方法は、手慣れていない係員にとってはマルス端末の操作が手強《てごわ》く難解、とくに「あさぎり」の運転区間から大きく外れるなどで、発券実績のほとんどない駅では、希《まれ》にオーダーが入ったりすると、てんやわんやの大騒ぎ。だから、マルス枠の設定と、あいなったに違いない。

さらに時を遡《さかのぼ》れば、「あさぎり」特急格上げの当初は、マルス端末に小田急接続機能がなく、ＪＲ線内の同列車停車駅に、小田急の端末を設置することで対応していた。現在の御殿場駅と同じやり方のように受け取れるが、ちょっと違う。小田急の端末で〝指ノミ券〟を発券するのではなく、連絡特急券そのものを発券したのである。むろん、停車駅以外で特急券をオーダーすれば、電話と補充券が大活躍したはず。

座席定員制で料金を抑える

ついでだから、連絡急行時代の「あさぎり」にも、ふれておこう。

ロマンスカーはみなそうなのだが、昭和五〇年代中ごろぐらいまで、「あさぎり」の座席は全て台帳管理となっていた。で、小田急が座席予約システムを開発すると、当然ながら、

山深い相模・駿河国境付近を行く、ありし日の連絡急行「あさぎり」

終点御殿場に到着した連絡急行「あさぎり」

そちらで在庫管理を行うようになる。
ただ、連絡急行「あさぎり」は、特急「さがみ」などと同じロマンスカーSSE車を使用したにもかかわらず、座席指定制ではなく座席定員制であった。ゆえに、端末より発券の連絡急行券には、乗車列車・号車のみが記され、座席

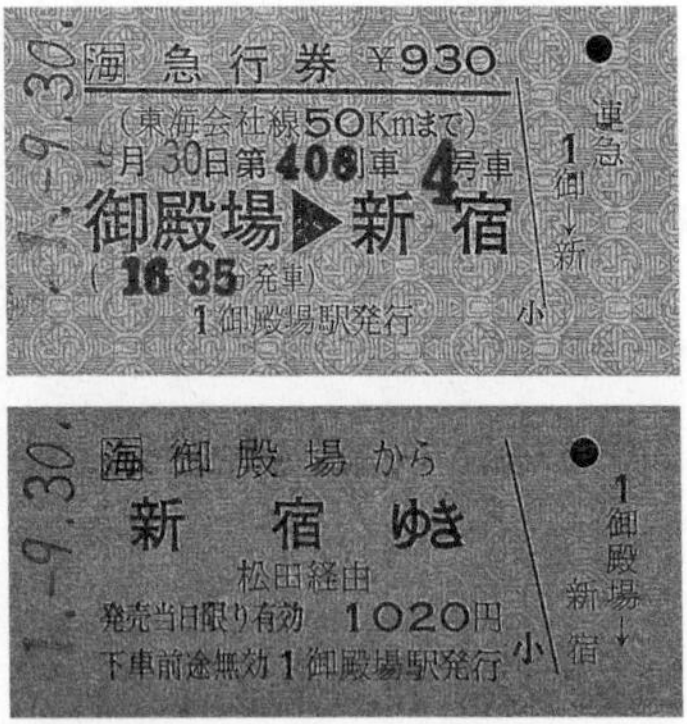

見本⑰

番号の記載はなかった（例えば〃○月○日 あさぎり1号 3号車〃という具合で、この場合、3号車の空席に座ることになる）。何故、他の特急ロマンスカーのように座席指定制とはせず、座席定員制としたのだろうか。

連絡急行券のお値段は、小田急線の連絡急行料金（特急料金と同額）と国鉄線（→JR線）の急行料金を、単純に合算した金額である。国鉄の「旅客営業規則」では、普通急行列車の普通車指定席を利用するには、普通急行料金に加え座席指定料金が必要と定めている（特別急行料金は座席指定料込み）。よって、連絡急行「あさぎり」を座席指定制としたならば、値がべらぼうにつり上がってしまおう。座席定員制であれば、国鉄線内の座席指定料金は不要だ。すなわち、料金額を抑えるための策でもあったということ。

それで、連絡急行券の発売箇所だが、たまたま手許にころがっていた『国鉄監修 交通公社の時刻表』昭和六一年一一号を見れば、乗車三週間前より小田急トラベルの営業所と交通公社の一部支店で発売（交通公社発売分は新宿～御殿場間通し乗車に限る）としか書かれていない。ずいぶんと保守的な販売体制である。この時刻表の記述では誤解を招きそうだが、もちろん、御殿場線の「あさぎり」停車駅でも連絡急行券は買えた。

昭和六一年といえば、小田急は座席予約システムを既に導入している。連絡急行券を小田急トラベルで買うと、それは端末による発券だったが、御殿場駅など御殿場線内の「あさぎり」停車駅では、古典的な厚紙の硬券きっぷが出てきたのを思い出す。連絡急行券はA型券（エドモンソン型）と呼ばれるタテ三センチ、ヨコ五・七五センチのもの、連絡乗車券はタテ二・五センチ、ヨコ五・七五センチのB型券であった（JR東海となった直後も同様、見本⑰）。

御殿場駅の窓口係員氏は、どこかに電話をかけることもなく、台帳をチェックして即座に発券したので、おそらくは連絡急行「あさぎり」号各列車とも、座席の一部が駅に割り当てられていたものと考えられる。

図11　特急「あさぎり」運転ルート概要

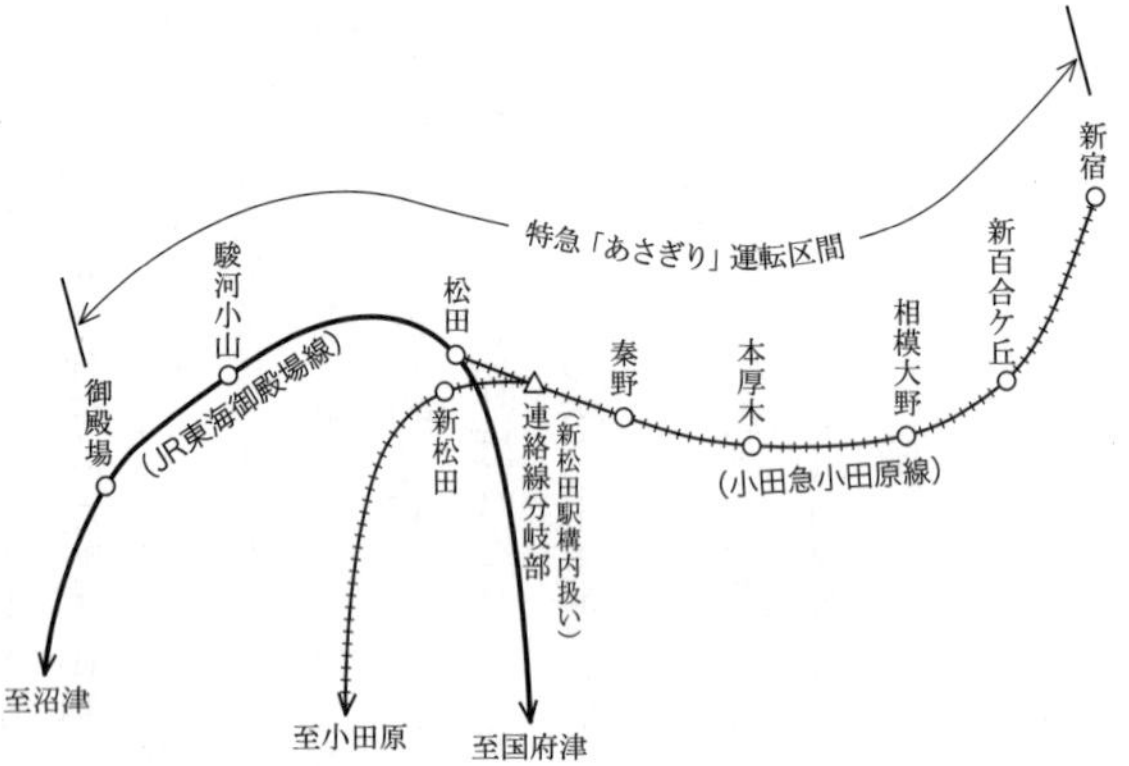

六　昔ながらの特急券に出会える駅

懐かしい〝硬券〟が手に入る

現在の特急「あさぎり」でも、とある駅において特急券・乗車券を買えば、〝硬券〟が出てくるから驚かされる。

言い忘れていたが、「あさぎり」の運転ルートにおける小田急電鉄とJR東海の境界は、御殿場線の松田駅となる。小田急小田原線と御殿場線の交差部付近に設けられた、JR東海静岡支社の神奈川県内拠点駅で、すぐそばには小田急の新松田駅もあり、両駅間を歩いて（といっても一分もかからない距離だが）乗り換える人も多い。松田駅から東側へは、小田急小田原線

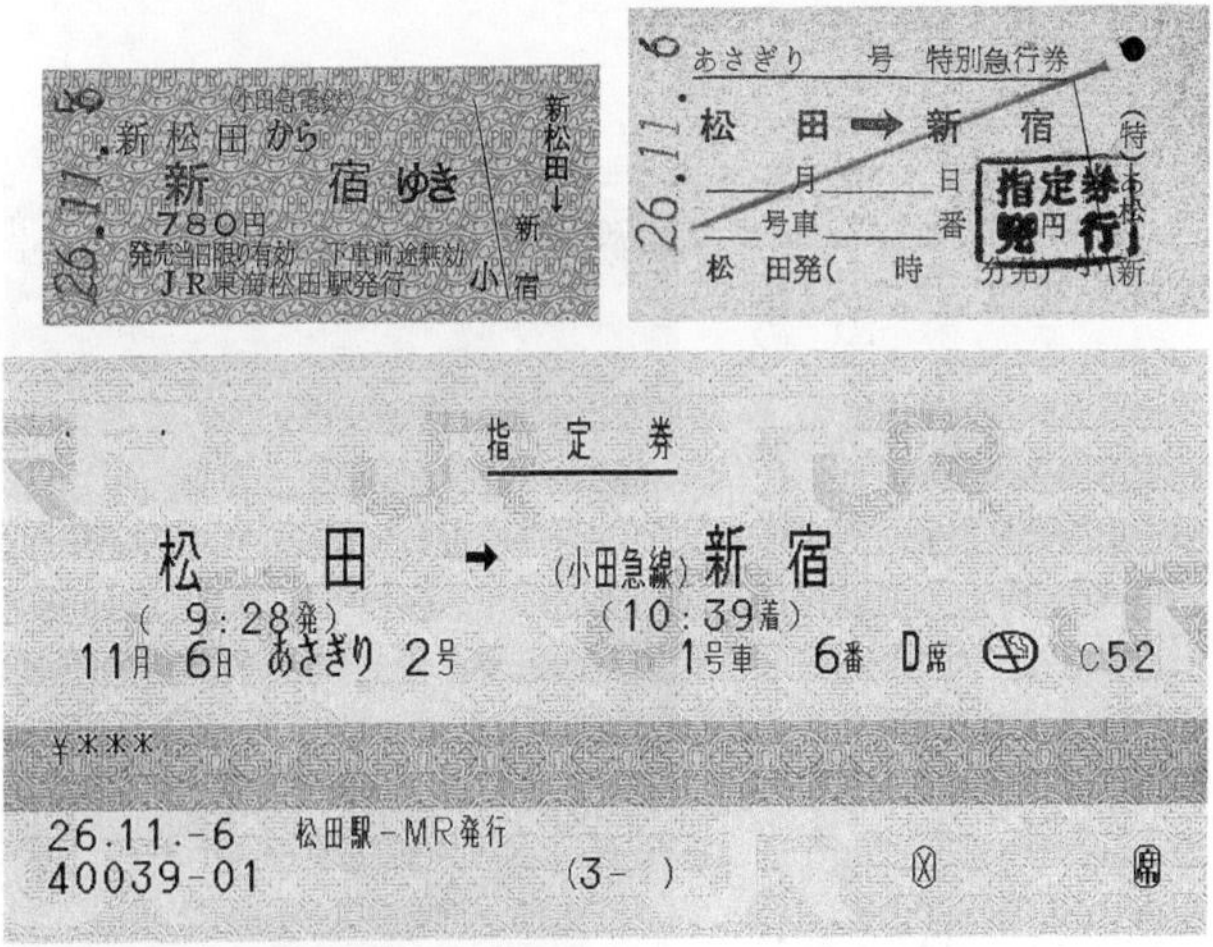

見本⑱

へと繋《つな》がる連絡線が延びており、「あさぎり」はそこを通って直通運転を行っている（図11）。

お察しのとおり、その松田駅は、前にご案内した伊東駅と同じ立場で、ここから「あさぎり」に乗る人は、駿河小山・御殿場方面へ向かうのと、秦野・新宿方面に向かうのとでは、渡されるきっぷが一八〇度も変わってしまう。

御殿場方面ならば、JR線の乗車となるので、JR東海松田駅の窓口係員氏はマルス端末を操作してマルス枠から座席を確保、〝一般的なマルス券〟による特急券・乗車券を出してくる。

一方の新宿方面はといえば、小田急線内完

ローカルな雰囲気いっぱいの松田駅北口駅舎

松田駅に入ってきた新宿行「あさぎり２号」。これより担当する小田急の運転士がホームで待っている

結乗車となるため、〃一般的なマルス券〃というわけにいかないことは、もう十分におわかりのはず。

あいにく松田駅に小田急の端末はないので、窓口係員氏は、マルス端末を操作するのだが、出されるのは、例の一二センチサイズの〃指ノミ券〃だ（ＪＲ東海の駅のため、通し番号は入っていない）。この〃指ノミ券〃に、小田急線内の特急券をホッチキス止めする。それがなんと、懐かしきA型券（エドモンソン型）の硬券なのである。さらに、乗車券も頼めば、そちらはそちらで、B型硬券ときているからたまらない（見本⑱）。

かつての情緒を今に伝える〝赤線〟

松田駅の北口駅舎は、昭和の地方都市の国鉄駅といった風情である。およそ最新型のロマンスカーMSE車が発着するとは、思えない佇まいだ。だから、硬券のきっぷが、実によく似合う。

B型硬券乗車券の券面を見れば、〝新松田から新宿ゆき〟〝JR東海松田駅発行〟などと、チグハグなことが書かれている。まあ、小田急電鉄では運賃計算上、松田と新松田を同一駅として扱うので、かかる表記でも問題はないのだろう。

一方のA型硬券特急券（タイトル表記は、やはり由緒正しき「特別急行券」）には、正しく〝松田↓新宿〟とあるのも、また〝チグハグ〟でご愛敬《あいきょう》。

そんなことよりもなにより、通を唸《うな》らせるのは、A型硬券特急券の表面に、斜めにひかれた赤い細線だ。

なんで、そんなもので通が唸るのか、と、訝《いぶか》しく思われる方も多いかもしれない。しかし、これ、

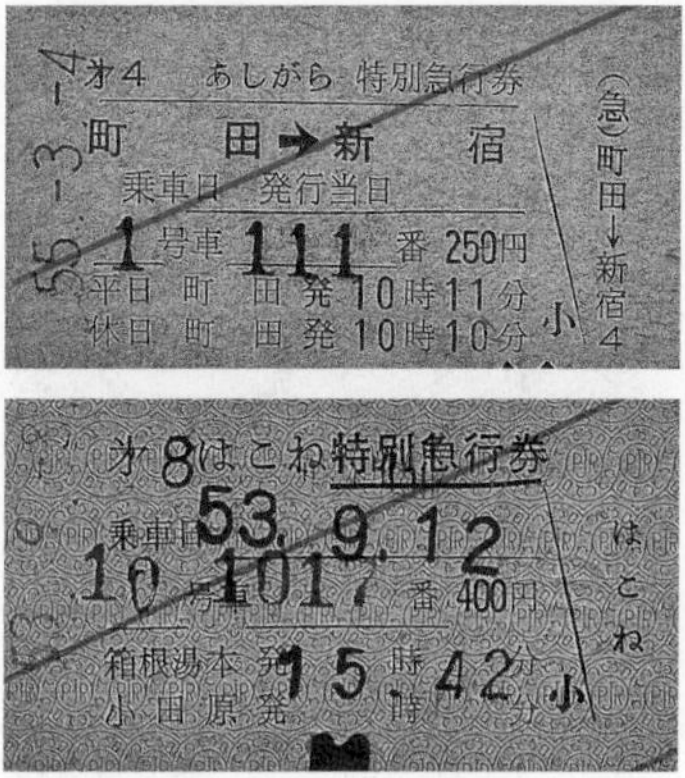

見本⑲

小田急電鉄特別急行券の過ぎし日の文化を、今に伝える大切な生き証人なのである。

特急ロマンスカーの座席が台帳管理だった時代、各駅で発券される特急券は、A型硬券が一般的であった。そして、上り列車（新宿行）の特急券には、表に必ず赤い細線がひかれていたのである（見本⑲）。下り列車の特急券には見当たらなかった。特急券の上り下りの識別を、視覚的にハッキリさせる措置だったと考えられる。

ケータイやスマホの画面に、乗車列車・座席番号を表示する「ロマンスカー＠クラブ」の電子特急券で、小田急線内を利用する人が多いなか、昔の情緒に浸れるA型硬券特急券を手に、最新型ロマンスカーＭＳＥ車に揺られるというのも、また乙な味わいかもしれない。

第五幕

新幹線が絡めばややこしい旅客営業制度

一　新幹線と在来線は同一の線路

片道になりそうでならないわけ

ＪＲ旅客鉄道各社共通の「旅客営業規則」が、複雑にして難解なことは、知る人ぞ知る事実である。

それが、明治の鉄道創業期より、一世紀以上にわたって積み重ねられてきた歴史の重みである、と、おっしゃる御仁もいるけれど、実際の運用において、えてして現場を惑わせたり、あわてさせたりすることは、確かなようだ。

コトを〝複雑〟で〝難解〟にしている要因の一つに、新幹線の取扱いがある。

ＪＲ各社の「旅客営業規則」第16条の2、第1項を見れば、新下関〜小倉〜博多間を除いて、新幹線とＪＲの並行在来線は、同一の線路としての取扱いをする、と定められている（資料①）。

輸送量が限界に近づきつつあった在来幹線の線増（複々線化）という、当初の新幹線建設目的に起因した規定と推察されるが、とりあえずは、大宮から東北新幹線で小山へ行き、そ

資料①

〔東海道本線（新幹線）、山陽本線（新幹線）、東北本線（新幹線）、高崎線（新幹線）、上越線（新幹線）、信越本線（新幹線）及び鹿児島本線（新幹線）に対する取扱い〕

第16条の２　次の各号の左欄に掲げる線区と当該右欄に掲げる線区とは、同一の線路としての取扱いをする。

（１）東海道本線及び山陽本線中神戸・新下関間	東海道本線（新幹線）及び山陽本線（新幹線）中新神戸・新下関間
（２）東北本線	東北本線（新幹線）
（３）高崎線、上越線及び信越本線	高崎線（新幹線）、上越線（新幹線）及び信越本線（新幹線）
（４）鹿児島本線中博多・新八代間及び川内・鹿児島中央間	鹿児島本線（新幹線）中博多・新八代間及び川内・鹿児島中央間

２　前項の規定にかかわらず、次の各号に掲げる区間内の駅（品川、小田原、三島、静岡、名古屋、米原、新大阪、西明石、福山、三原、広島、徳山、福島、仙台、一ノ関、北上、盛岡、熊谷、高崎、越後湯沢、長岡、新潟、博多、久留米、筑後船小屋及び熊本の各駅を除く。）を発駅若しくは着駅又は接続駅とする場合は、線路が異なるものとして旅客の取扱いをする。

（１）品川・小田原間
（２）三島・静岡間
（３）名古屋・米原間
（４）新大阪・西明石間
（５）福山・三原間
（６）三原・広島間
（７）広島・徳山間
（８）福島・仙台間
（９）仙台・一ノ関間
（10）一ノ関・北上間
（11）北上・盛岡間
（12）熊谷・高崎間
（13）高崎・越後湯沢間
（14）長岡・新潟間
（15）博多・久留米間
（16）筑後船小屋・熊本間

出典：『東海旅客鉄道株式会社旅客営業規則』

図12　大宮—（東北新幹線）—小山—（東北本線）—大宮の経路概念

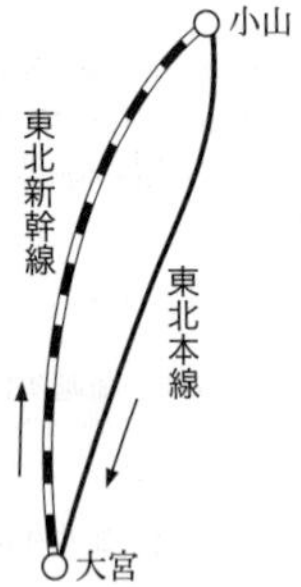

こで折り返し、東北本線で大宮に戻ってくる場合の普通乗車券を例に、この取扱いを検証してみよう。

最もオーソドックスな普通乗車券は、「片道乗車券」である。これが成立する条件は、乗車する駅から下車する駅まで、同一の駅、同一の線路を二度通らないということ。すなわち、乗車する区間が重複しなければよく、〝一筆書き〟の要領で進む、と心得ておけばわかりやすい。

かかる条件さえ満たしておれば、途中の区間で大回りをしようが、ジグザグに進もうが、あるいは、蚊取り線香みたいな線形で行こうが、さらには発駅が着駅となろうが、一枚の片道乗車券を作ることができる。もし、どこかをぐるりと回って（環状経路を一周して）、一度通った駅に戻ってきたならば、運賃算出の根拠となる「営業キロ」（路線、区間によっては「運賃計算キロ」「擬制キロ」を適用、なお、「運賃計算キロ」を出すための「換算キロ」というのもある）の通算は、そこで打ち切られ、さらに先へ進もうとすれば、別の乗車券が必要となる定め。

例としてあげた経路は、大宮―（東北新幹線）―小山―（東北本線）―大宮（図12）だから、片道の条件にあてはまり、「大宮→大宮 経由：大宮・新幹線・小山・東北」という片道乗車券が作れそうな気がするけれども、そうはならない。新幹線とJRの並行在来線は、〝同一の線路としての取扱いをする〟掟があるゆえに、小山で営業キロの通算は打ち切られ（小山で同一の線路を折り返すことになるため）、「大宮→小山」と「小山→大宮」といった、二枚の片道乗車券に分けられてしまう。

新幹線も在来線もどちらでも

むろん、この場合、「（ゆき）大宮→小山」「（かえり）小山→大宮」とする「往復乗車券」も成立する。

ご存知のとおり「往復乗車券」は、発駅と着駅の間を往復する場合に、〝ゆき〟（往路）の「片道乗車券」と、〝かえり〟（復路）の「片道乗車券」を二枚セットで発売するものである。条件は、原則として往路、復路ともに、同一の経路としなければならない（JR「旅客営業規則」第26条第2号で〝往路又は復路とも片道乗車券を発売できる区間であって、往路と復路の区間及び経路が同じ区間を往復1回乗車する場合に発売する〟と規定）。例では、往路が東北新幹線、復路が東北本線利用であるものの、双方〝同一の線路としての取扱いをする〟わけだから、立派に往復乗車券が出来上がる。

なお、「みどりの窓口」などで、この往復乗車券を買うと、「（ゆき）大宮→小山 経由：大宮・新幹線・小山」＋「（かえり）小山→大宮 経由：小山・新幹線・大宮」、もしくは「（ゆき）大宮→小山 経由：東北」＋「（かえり）小山→大宮 経由：東北」といった券面表記の二枚のマルス券が出されるはず。同一線路としての取扱いなのだから、当然、前者でも後者でも、往路、復路ともに、東北新幹線と東北本線のどちらを利用しても、おとがめはない。まあ、東北新幹線利用ならば、別に特急券を買わなければならないが。

二　新幹線の営業キロは在来線の営業キロ

〝途中下車〟が出来ない場合

大宮〜小山間の運賃についても、東北新幹線経由、東北本線経由の双方、営業キロは同じであるから、同額となる。これは、新幹線の営業キロは原則、並行するＪＲ在来線の営業キ

資料②

〔東北新幹線、北陸新幹線及び九州新幹線に対する取扱い〕
第16条の4　東北新幹線盛岡・新青森間、北陸新幹線高崎・金沢間及び九州新幹線新八代・川内間については、単一の線路として旅客の取扱いをする。

出典：『東海旅客鉄道株式会社旅客営業規則』

ロを使用するために生じる現象だ（山陽新幹線・新岩国～徳山間を通る場合は、営業キロではなく運賃計算キロを用いる）。

ただし、並行するＪＲの在来線が存在しない東北新幹線・盛岡～新青森間、北陸新幹線・高崎～金沢間、九州新幹線・新八代～川内《せんだい》間は、単一の線路としての取扱いゆえ（ＪＲ各社「旅客営業規則」第16条の4、資料②、平成二八年春開業予定の北海道新幹線も同様の取扱いになると思われる）、その営業キロも新幹線自体の実キロである（俗に「山形新幹線」「秋田新幹線」と呼ばれる存在は、在来線の線路改良により当該区間に東北新幹線列車が直通運転するものであって、法規的にも旅客営業制度上においても「新幹線」とはならない）。

ところで、普通乗車券（片道乗車券・往復乗車券・連続乗車券）では、券面に記された区間内において、後戻りしない限り、何回でも途中下車が可能であることは、ご承知のはず。

〝途中下車〟とは、旅行途中に乗車券の区間内の駅で、いったん改札口の外に出る行為をいうのだが、これには例外があって、次の場合、下車すると乗車券の残りの区間が使えなくなってしまう。すなわち〝途中下車前途無効〟という次第。

・片道の営業キロが一〇〇キロまでの区間の普通乗車券で下車した場合

・「東京近郊区間」「仙台近郊区間」「新潟近郊区間」「大阪近郊区間」「福岡近郊区間」（範囲は『JR時刻表』『JTB時刻表』の〝ピンクのページ〟参照）といった「大都市近郊区間」内のみを通る普通乗車券で下車した場合

・「札幌市内」「東京都区内」「大阪市内」「福岡市内」などの「特定都区市内」および「東京山手線内」発着と券面に記された普通乗車券において、当該の「特定都区市内」「東京山手線内」にある駅で下車した場合

先の例、大宮〜小山間では、営業キロが五〇・三キロであるうえに、「東京近郊区間」にすっぽり収まっているため（東北本線は黒磯までが「東京近郊区間」）、片道乗車券でも往復乗車券でも、その券面には〝途中下車前途無効〟と記される。

「新幹線経由」で途中下車自由に

が、これが大宮〜那須塩原間ともなると、いささか事情が変わってくる。この区間の営業キロは一二七・五キロ。一〇〇キロを超えているものの、那須塩原は黒磯の一つ東京寄りに位置する駅のため、「東京近郊区間」内の乗車となって、東北本線経由の普通乗車券ならば途中下車前途無効である。

しかるに、東北新幹線経由とすると、券面に〝途中下車前途無効〟の文字は見当たらなくなる。何故だろう。答えは簡単、東北新幹線は「東京近郊区間」に含まれていないから。東海道新幹線の米原〜新大阪間を除き、新幹線はどこも「大都市近郊区間」には入っていない。だから、同じく「東京近郊区間」内の東京〜熱海間（営業キロは一〇四・六キロ）なども、道中、下車を繰り返す企てならば、実際は東海道本線利用であっても、乗車券は東海道新幹線経由としたほうが、お得となる場合も多い。有効期間も営業キロが一〇〇キロを超えているので、（二〇〇キロまでの）二日となる（「大都市近郊区間」内のみを通る乗車券は、営業キロにかかわらず有効期間は一日。なお、往復乗車券の有効日数は片道乗車券の二倍）。

東海道新幹線はＪＲ東海の運営である。乗車券を右のように買われると、東海道本線・東京〜熱海間の運営者、ＪＲ東日本は減収となって、あまり良い顔はしないとは思うけれども。

三　新幹線と在来線が別線となる場合

並行在来線にはない駅の存在が肝

ほんとうに〝ややこしい〟話は、これからが本番である。

前述のように、新幹線とJRの並行在来線は、新下関〜小倉〜博多間を除いて、同一の線路として旅客を取扱うのが原則なのだが、場合によっては別の線路とされることもあって、これまた、ややこしい。

その〝場合によっては別の線路とされる〟区間は、JR各社「旅客営業規則」第16条の2、第2項（245頁の資料①）に載っていたことを、既にお気づきの方も多いとは思うけれど、念のため、ここでもわかりやすくまとめたものを記してみる。

・東海道・山陽新幹線と並行在来線＝品川〜小田原、三島〜静岡、名古屋〜米原、新大阪〜西明石、福山〜三原、三原〜広島、広島〜徳山

・九州新幹線と並行在来線＝博多〜久留米、筑後船小屋〜熊本

・東北新幹線と並行在来線＝福島〜仙台、仙台〜一ノ関、一ノ関〜北上、北上〜盛岡
・上越新幹線と並行在来線＝熊谷〜高崎、高崎〜越後湯沢、長岡〜新潟

目ざといお人ならば、右の区間内には、並行在来線にない駅が存在することに気付かれていよう。新横浜、新富士、岐阜羽島、新神戸、新尾道、東広島、新岩国、新鳥栖《しんとす》、新大牟田《しんおおむた》、新玉名、白石蔵王《しろいしざおう》、古川、くりこま高原、水沢江刺《みずさわえさし》、新花巻、本庄早稲田、上毛高原、燕三条《つばめさんじょう》、の面々である。

これらの駅が存するゆえに、右の区間内の各駅（両端の駅を除く）を発駅、もしくは着駅、または他線乗り換えの接続駅とする場合に限って、当該区間の新幹線と並行在来線は別線の取扱いをするというのが、ＪＲ各社の「旅客営業規則」第16条の2、第2項の定めである。

新富士と富士の往復は不可能

その条文は、難解の誉れ高き同「旅客営業規則」の中でも、最も難解なもののひとつとされており、非常にわかりづらいので、東海道新幹線と東海道本線の三島〜静岡間（図13）を例に、頭痛を誘発しそうな説明をば、させていただく。

図13　三島～静岡間の概念

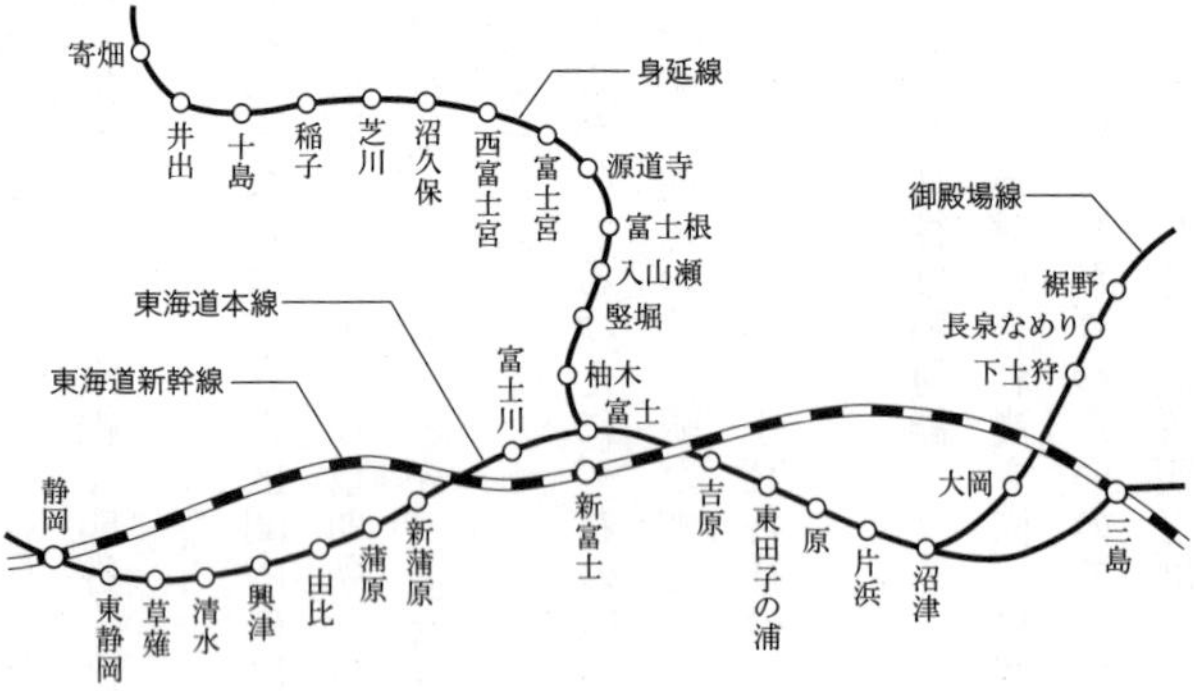

三島から東海道新幹線で静岡まで行き、東海道本線で三島へ戻った場合は、原則どおり両線は同一の線路としての取扱いで、三島～静岡間の往復乗車となる（営業キロを静岡で打ち切って運賃を計算）。しかし、両端の駅（三島、静岡が該当）を除く、この区間内の各駅を発着駅または接続駅（御殿場線接続の沼津、身延線接続の富士が該当）とする場合には、東海道新幹線と東海道本線は別線として取り扱われる。

例えば、新富士から東海道新幹線で静岡へ出て、東海道本線で富士に行く（戻る）ときには、静岡での同一線路の折り返し乗車とは見なさず（営業キロを静岡で打ち切らず）、運賃は通算となって片道乗車券が成立するということ。

確かに、別線とする特例がないと、新富士と富士は同一の駅に擬制され（新富士駅の営業キロは富士駅の営業キロを用いているのだが）、往路券が「（ゆき）新富士→静岡 経由：新幹線」、復路券が「（かえり）静岡→富士（経由：東海）」といった、奇妙な往復乗車券が出来上がってしまう。流石に、これを往復乗車と見るのは無理があろう。

そこで、特例を設けたのだが、新幹線とＪＲの並行在来線は同一の線路という原則を極力崩さずに、別線としての運用を最小限に留めるため、当該区間の〝両端の駅を除く〟こととした次第。

かかる別線特例のおかげで、東京から東海道新幹線で静岡へ行き、そこから東海道本線で富士へ、さらに身延線で甲府へ抜ける行程などでも、片道乗車券が作れる（富士を接続駅としているため）。〝東海道新幹線と東海道本線は同一の線路〟という原則が、頭にこびり付き過ぎていると、見落としてしまいそうな、片道乗車券の経路といえようか。

なぜ「神戸市内」とならないのか？

似たような実例を、二つほどお示ししておく。

実例Aは、東京［東京山手線内］―(東海道新幹線)―小田原―(東海道本線)―国府津《こうづ》―(御殿場線)―沼津―(東海道本線)―熱海―(伊東線)―伊東、といった、ちょっとひねくれた経路（図14）の片道乗車券である。

品川〜小田原間の別線特例を利用したもので、同区間内の御殿場線接続駅国府津を通って、御殿場方向へ進むため、東海道新幹線と東海道本線は別の線路となり、小田原での折り返し乗車でも、営業キロの通算は打ち切られない。

実例Bは、伊豆高原―(伊豆急行線)―伊東―(伊東線)―熱海―(東海道・山陽新幹線)―西明石―(山陽本線)―舞子、という経路（図15）の伊豆急行㈱発券によるJR線連絡片道乗車券である（連絡会社線設置のマルス端末発券のため、お約束どおり券面右端に通し番号が付く）。

別線特例区間の新大阪〜西明石間に存する舞子を着駅とするため、同区間において新幹線と並行在来線（東海道・山陽本線）は別線の取扱いとなり、西明石での折り返し乗車でも、営業キロは通算される。

なお、舞子は「特定都区市内」の一つ、「神戸市内」に属す駅であり、その中心駅の神戸から伊東までのJR線の営業キロは、二〇〇キロを遥かに超えている。したがって、着駅は

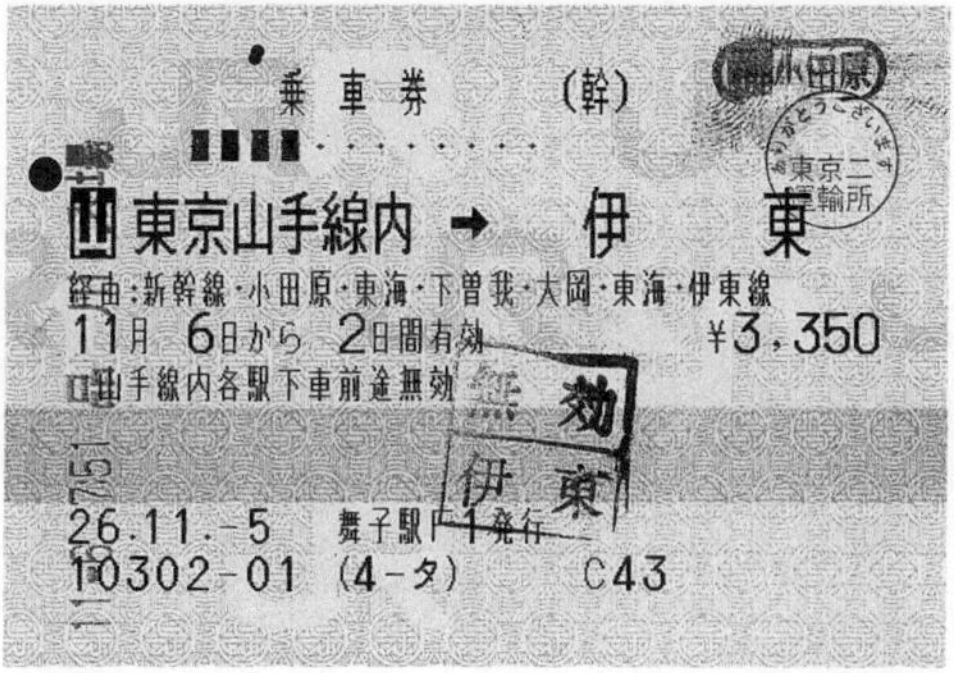

実例A

図14　品川〜小田原間の別線特例を利用して作ったひねくれた片道乗車券の経路

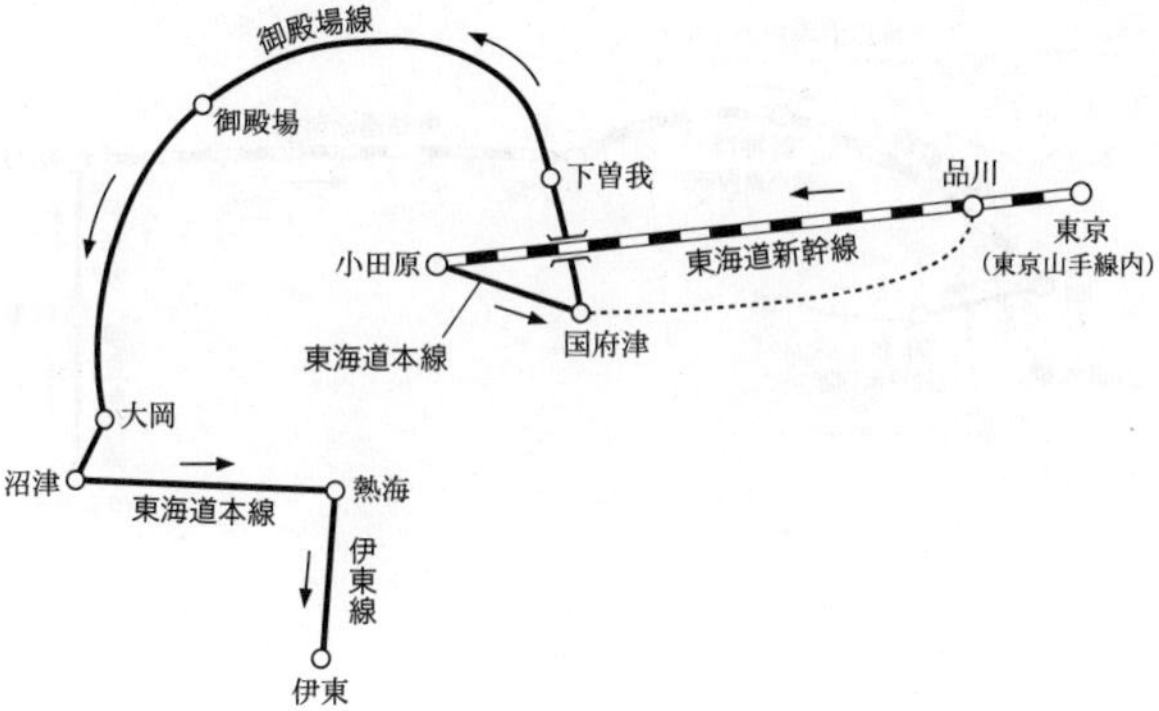

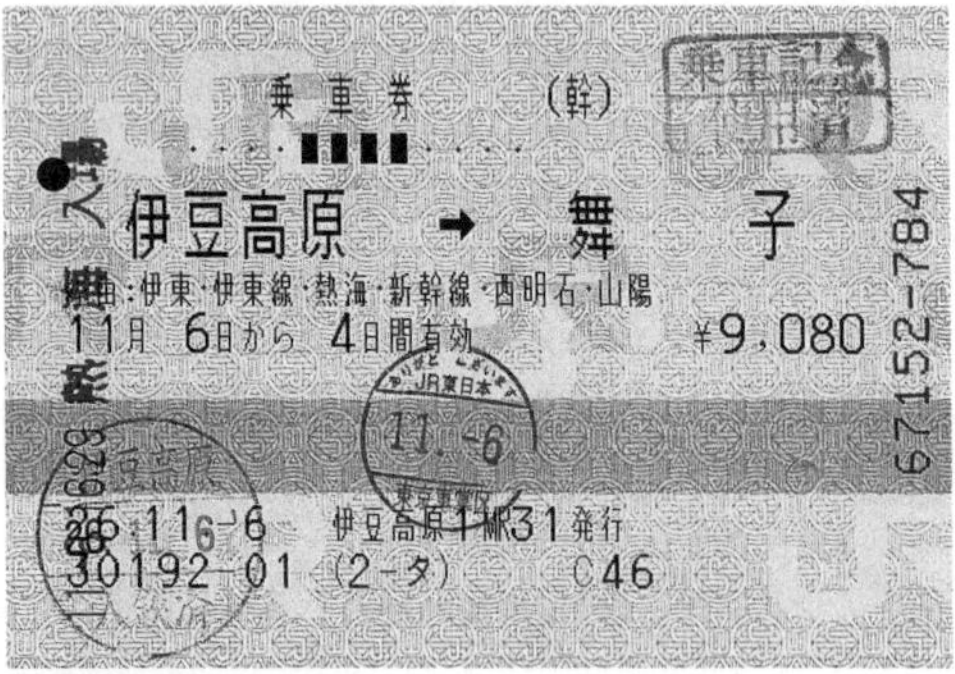

実例B

図15　新大阪〜西明石間の別線特例を利用した比較的まっとうな片道乗車券の経路

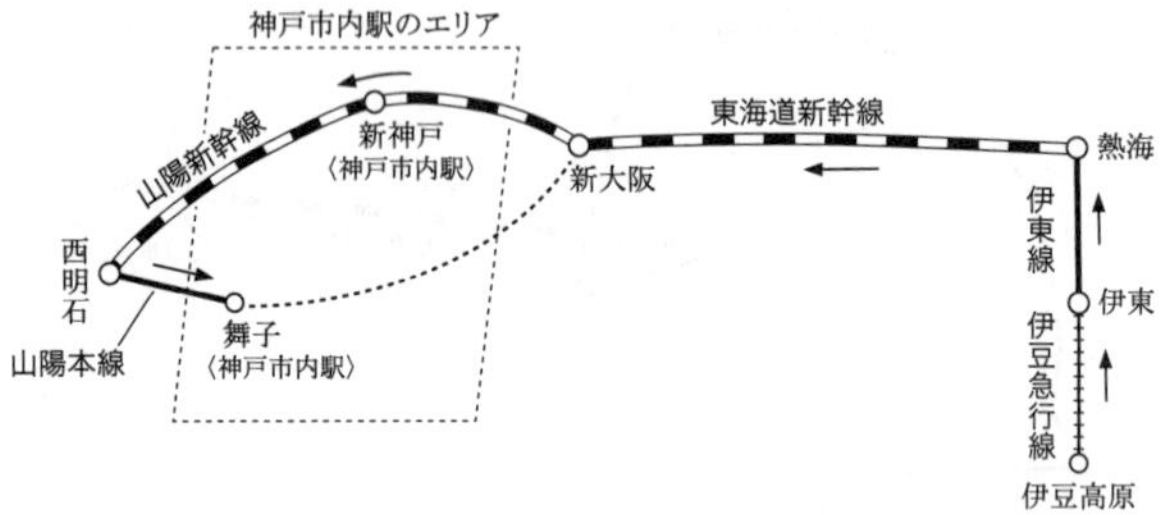

「舞子」ではなく「神戸市内」となるはずではないか（神戸駅から営業キロで二〇〇キロを超える地点の駅と「神戸市内」各駅との間の乗車券は、「神戸市内」各駅を神戸駅と見なし、神戸駅を起点・終点とした営業キロ・運賃計算キロにより運賃計算を行う〔「神戸市内」各駅を神戸駅に擬制〕。そして、券面には「神戸市内」発または着と表記される。詳しくは、『JR時刻表』『JTB時刻表』の〝ピンクのページ〟、もしくはJR各社の「旅客営業規則」第86条を参照）。

ところが、「神戸市内」着とはならない。実例Bの経路（図15）は、「神戸市内」駅の新神戸を一度通って、「神戸市内」エリアの外に抜け出たあとに、もう一度「神戸市内」に戻ってくる格好だ。こういった経路、およびその逆の経路の場合、「神戸市内」発着とはせず、〝単駅指定〟とする定めである（例えば、図15の経路を逆にたどる乗車券を考えると、「神戸市内」発としたならば、〝見なし神戸駅〟を二度通ることになってしまう、などの問題が生じるため）。

よって、実例Bの乗車券の着駅は「舞子」とされ、同駅を終点とした営業キロにて運賃計算がなされている。これも、なかなかにして、ややこしい掟といえよう。

四　類い希なる「別線往復乗車券」

ＪＲ九州の値上げで問題発生

〝別線特例〟は、〝新幹線とＪＲの並行在来線は、同一の線路としての取扱いをする〟原則あったればこその特例だった。けれども、既述のとおり、山陽新幹線の新下関〜小倉間、小倉〜博多間には、〝同一の線路原則〟そのものが存在しない。つまり、この区間では、山陽新幹線と並行在来線の山陽本線、鹿児島本線は、別線として取り扱うのが原則なのである。どうして、ここだけ、そんなことになっているのだろうか。

コトの端緒は、平成八年一月一〇日実施のＪＲ九州の運賃値上げにある。

新下関〜小倉〜博多間は、ご承知のとおり、新幹線がＪＲ西日本の経営なのに対し、在来線のほうは、新下関〜下関間がＪＲ西日本、下関〜博多間がＪＲ九州の経営となっている（図16）。結果、ＪＲ九州の運賃値上げによって、新幹線経由と在来線経由（ともに営業キロは同じ）で運賃が異なる事態が生じてしまったのである（値上げ前は、ＪＲ西日本もＪＲ九州も同一の賃率を採用）。

図16　新下関～小倉～博多間の概念図

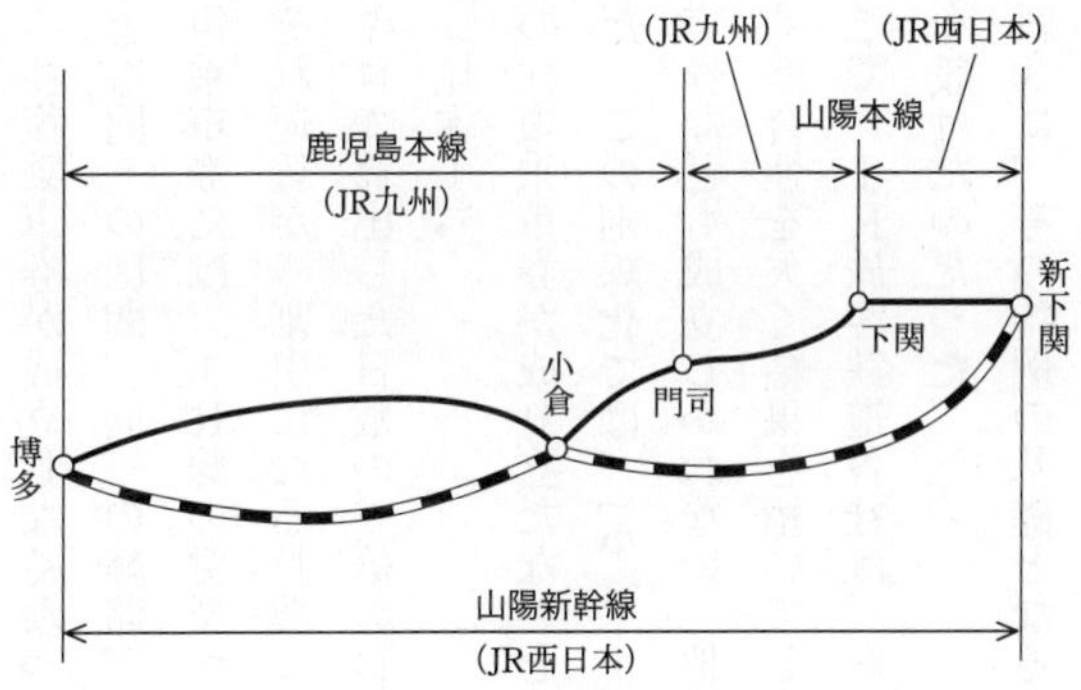

従来、新下関～小倉間、小倉～博多間の新幹線と並行在来線は、その駅間に新幹線独自の駅（並行在来線にはない駅）が存在しないため、同一の線路として取り扱われてきた。しかし、ＪＲ九州の値上げから、運賃が異なるようになった新幹線と並行在来線を同一の線路として取り扱うのは、やはり無理があり過ぎる。そこで、ＪＲ旅客鉄道各社は「旅客営業規則」を改定、当該区間を別線扱いとしたのであった。

別線でも往復乗車券が可能という例外

ところが、単純に新下関～小倉～博多間を〝別線扱い〟としてしまうと、いくつかの不都合が生じてくる。ひとつは往復乗車券の問題である。例えば、東京からの博多往復で、往路は東海道・山陽・鹿児島本線、復路は山陽・東海道新幹線を利用する場合に（平成八年当時は、東京と九州各地を結ぶ寝台特急が、まだ運転されていた）、東京都区内～福岡市内間の往復乗車券が成立しなくなってしまう（くどいようだが、往復乗車券の条件は、往路、復路とも同一の区間、同一の経路）。

往復乗車券には、ＪＲ線の営業キロで片道六〇一キロ以上の区間の場合、往路、復路ともそれぞれ運賃が一割引になる特典（往復割引乗車券）がある他、有効日数についても片道の営業キロで算出した日数の二倍の日数が往路券、復路券ともに与えられるというメリットがある（見本Ｉ）。

その往復乗車券が成り立たないとなれば、甚だしいサービスダウンではないか。

また、この別線化では、「小倉→小倉 経由：鹿児島線・博多・新幹線・小倉」といった片道乗車券なども成立しかねない。他の区間における新幹線と並行在来線との関係と比べて、著しく整合性を欠く結果を招いてしまおう。

そこで、ＪＲ旅客鉄道各社は、新下関～小倉～博多間別線化のおり、同区間に奇想天外な特例を設けたのだった。

資料③に、その特例の基礎となるＪＲ「旅客営業規則」第16条の3を、資料④⑤⑥に、それと関係する条文をお示しする。まずは、一読願いたい（第16条の3に記されている〝前条

資料③

〔新幹線と新幹線以外の線区の取扱いの特例〕

第16条の3　次の左欄に掲げる線区と当該右欄に掲げる線区に関し、第26条第1号ただし書、第2号ただし書及び第3号にそれぞれ規定する普通乗車券の発売、第68条第4項に規定する旅客運賃計算上の営業キロ等の計算方並びに第242条第2項に規定する区間変更の取扱いにおける旅客運賃・料金の通算方又は打切方については、前条第1項の規定を準用する。

山陽本線中新下関・門司間及び鹿児島本線中門司・博多間	山陽本線（新幹線）中新下関・小倉間及び鹿児島本線（新幹線）中小倉・博多間

出典：『東海旅客鉄道株式会社旅客営業規則』

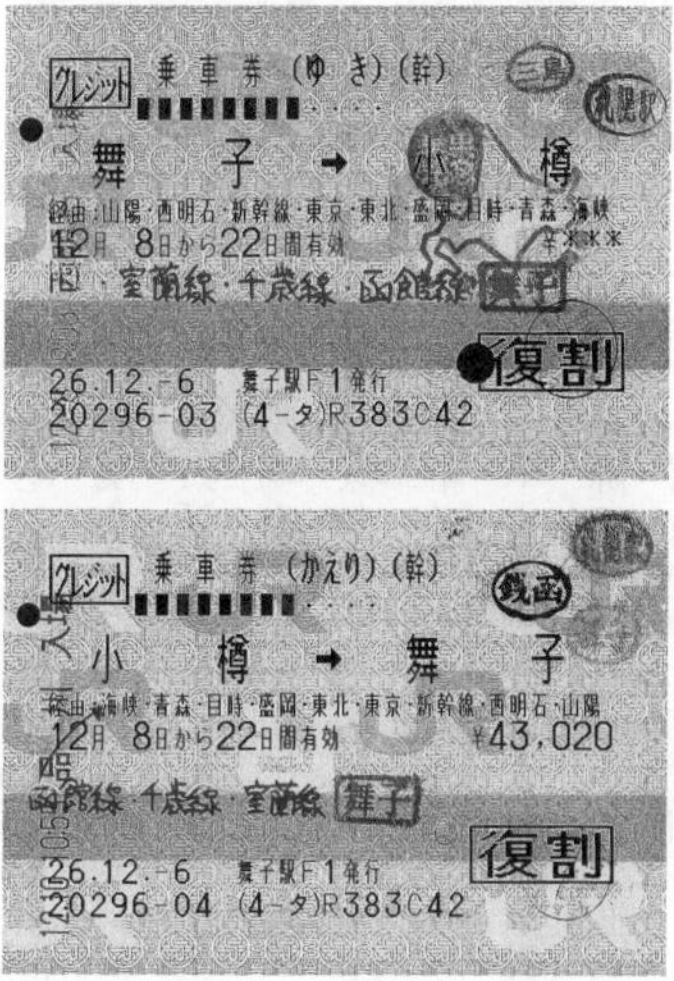

見本Ⅰ

第1項の規定〃とは、245頁に資料①として載せた、第16条の2、第1項の規定である）。

まあ、見てのとおり、一読ぐらいでは、何を言わんとしているのか、皆目見当もつかない。

〃言わんとしている〃ことをかいつまめば、新下関～小倉間、小倉～博多間では、新幹線と並行在来線は別線だけれ

資料④

〔普通乗車券の発売〕

第26条　旅客が、列車に乗車する場合は、次の各号に定めるところにより、片道乗車券、往復乗車券又は連続乗車券を発売する。

（1）片道乗車券

普通旅客運賃計算経路の連続した区間を片道1回乗車（以下「片道乗車」という。）する場合に発売する。ただし、第68条第4項の規定により営業キロ、擬制キロ又は運賃計算キロを打ち切って計算する場合は、当該打切りとなる駅までの区間のものに限り発売する。

（2）往復乗車券

往路又は復路とも片道乗車券を発売できる区間であって、往路と復路の区間及び経路が同じ区間を往復1回乗車（以下「往復乗車」という。）する場合に発売する。ただし、往路と復路の経路が異なる場合であっても、その異なる経路が第16条の3に掲げる左欄及び右欄の経路相互である場合は往復乗車券を発売する。

（3）連続乗車券

前各号の乗車券を発売できない連続した区間（当該区間が2区間のものに限る。）をそれぞれ1回乗車（以下「連続乗車」という。）する場合に発売する。

出典：『東海旅客鉄道株式会社旅客営業規則』

ども、その新下関～小倉間の別線を、新下関または小倉で相互に直接乗り継ぐ場合（新下関または小倉で折り返し乗車する場合）、および、その小倉～博多間の別線を、小倉または博多で相互に直接乗り継ぐ場合（小倉または博多で折り返し乗車する場合）に必要な乗車券を発売する際の運賃計算は、従来の同一線としての取扱いのときと同じく、新下関、小倉、博多のそれぞれ乗り継ぐ駅（折り返す駅）で、営業キロ、運賃計算キロを打ち切って計算する。そして、その別線とされる区間を経路に含む場合、往路と復路の経路が異なっても往復乗車券を発売する。と、でもなろうか。

資料⑤

〔旅客運賃・料金計算上の営業キロ等の計算方〕

第68条　営業キロ又は擬制キロを使用して旅客運賃を計算する場合は、別に定める場合を除いて、次の各号により営業キロ又は擬制キロを通算して計算する。

（1）営業キロ又は擬制キロは、同一方向に連続する場合に限り、これを通算する。

（2）当社と通過連絡運輸を行う鉄道・軌道・航路又は自動車線が中間に介在する場合、これを通じて連絡乗車券を発売するときは、前後の旅客会社の区間の営業キロ又は擬制キロを通算する。

2　前項の規定は、運賃計算キロを使用して幹線と地方交通線を連続して乗車するときの旅客運賃を計算する場合に準用する。

3　第1項の規定は、営業キロを使用して料金を計算する場合に準用する。

4　前各項の規定により、旅客運賃・料金を計算する場合で次の各号の1に該当するときは、当該各号に定めるところによって計算する。

（1）計算経路が環状線1周となる場合は、環状線1周となる駅の前後の区間の営業キロ、擬制キロ又は運賃計算キロを打ち切って計算する。

（2）計算経路の一部若しくは全部が復乗となる場合は、折返しとなる駅の前後の区間の営業キロ、擬制キロ又は運賃計算キロを打ち切って計算する。

（3）新下関・博多間の新幹線の一部又は全部と同区間の山陽本線及び鹿児島本線の一部又は全部とを相互に直接乗り継ぐ場合は、次により計算する。

ア　山陽本線中新下関・門司間及び鹿児島本線中門司・小倉間の一部又は全部（同区間と同区間以外の区間をまたがる場合を含む。）と山陽本線（新幹線）中新下関・小倉間（同区間と同区間以外の区間をまたがる場合を含む。）とを新下関又は小倉で相互に直接乗り継ぐ場合は、新下関又は小倉で営業キロ又は運賃計算キロを打ち切って計算する。

イ　鹿児島本線中小倉・博多間の一部又は全部（同区間と同区間以外の区間をまたがる場合を含む。）と鹿児島本線（新幹線）中小倉・博多間（同区間と同区間以外の区間をまたがる場合を含む。）とを小倉又は博多で相互に直接乗り継ぐ場合は、小倉又は博多で営業キロ又は運賃計算キロを打ち切って計算する。

（注）東海道本線中金山・名古屋間と中央本線中金山・名古屋間とは同一の線路である。

出典：『東海旅客鉄道株式会社旅客営業規則』

資料⑥

〔乗車変更の取扱範囲〕

第242条　乗車変更の取扱いは、その変更の開始される駅の属する券片に限って取り扱う。ただし、第248条に規定する乗車券類変更については、変更開始駅は、制限しない。

2　前項の場合で、区間変更の取扱いをするときで、非変更区間と変更区間とを通じた経路が第68条第4項の規定により営業キロ、擬制キロ又は運賃計算キロを打ち切って計算する場合は、この取扱いをしない。ただし、営業キロ、擬制キロ又は運賃計算キロを打ち切る駅までの区間に対しては、乗車変更の取扱いをすることができる。

出典：『東海旅客鉄道株式会社旅客営業規則』

これでも、まだわかりづらいのでさらに噛《か》み砕けば、小倉―（鹿児島本線）―博多―（山陽新幹線）―小倉という経路で旅行する場合に、発売される乗車券を例として説明すると、運賃計算上、博多で営業キロの通算は打ち切り、往路と復路とで経路（運賃）は異なるものの、小倉～博多間の往復乗車券も発売可能ということ。すなわち、新幹線と並行在来線を同一線とする

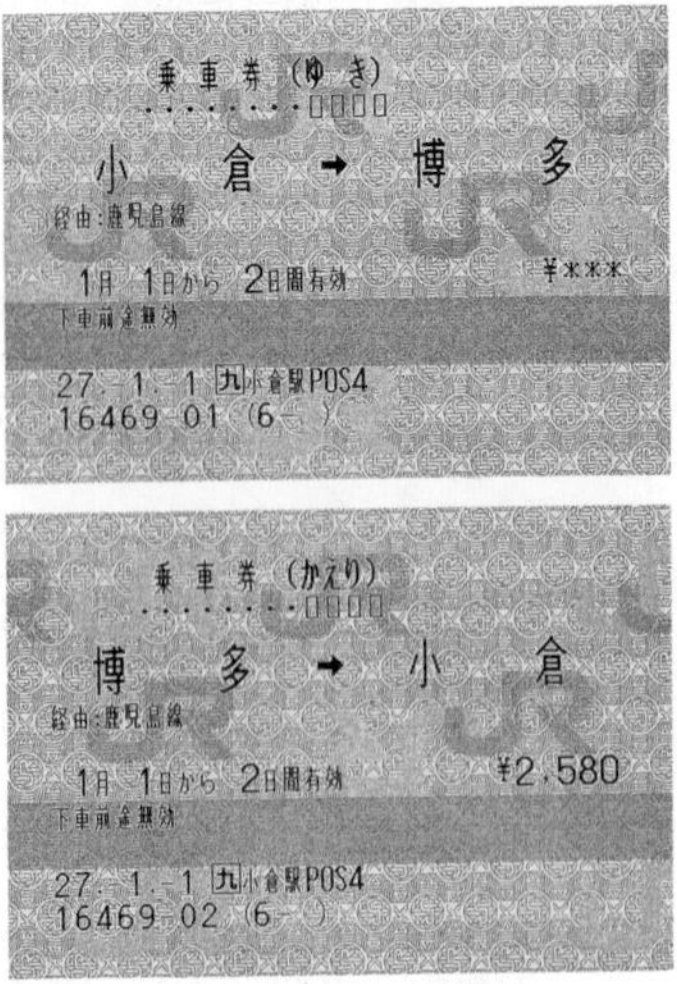

見本Ⅱ

他の区間の取扱いと、変わらないのである。

かかる特例の絡繰りによって、東京からの博多往復で、往路は東海道・山陽・鹿児島本線、復路は山陽・東海道新幹線を利用するとしても、従来どおり往復割引乗車券が買えるという次第。まさに、苦肉の策ではないか。

見本Ⅱは、小倉～博多間において、往路、復路ともに鹿児島本線経由とした通常の「往復乗車券」。一方、見本Ⅲは、同区間で往路は鹿児島本線経由、復路は山陽新幹線経由とした「別線往復乗車券」である。よくよく眺めれば、両者で券面の様式が微妙に違うことがわかる。

通常の「往復乗車券」「往復割引乗車券」では、往路（ゆき）券に往復運賃の金額が記されることはないが、「別線往復乗車券」の場合、それがカッコ書きで存在するのが目立つ特徴だ。

その他、往路（ゆき）券に復路券の片道

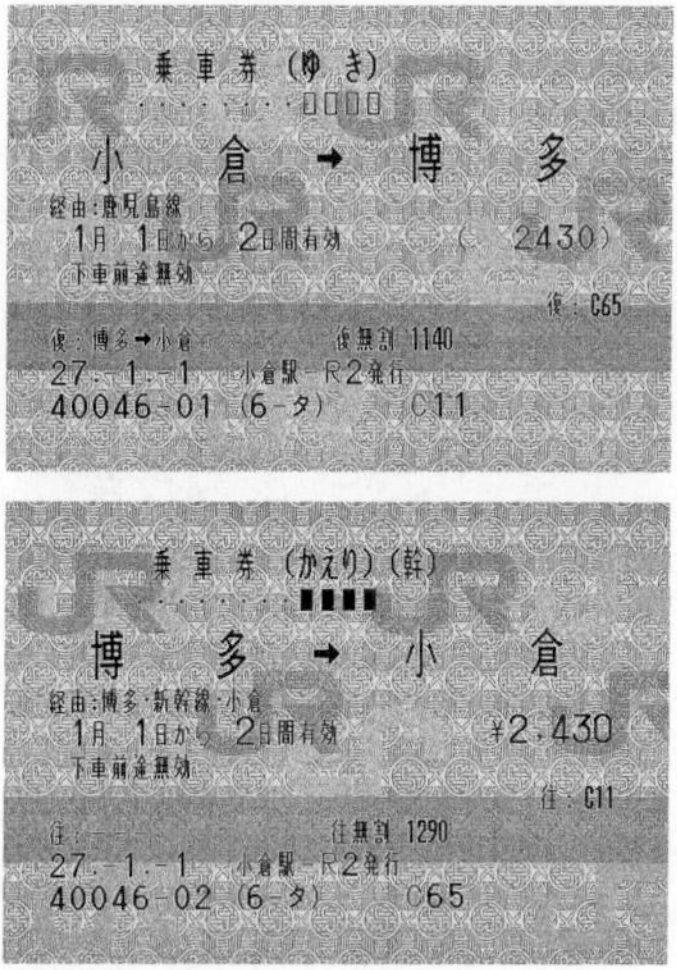

見本Ⅲ

運賃の金額や経路などの情報が示され（券面左下の〝復：博多→小倉〟が新幹線経由を表す）、復路（かえり）券にも往路券の金額や経路などの情報が見られる（〝往：‐‐‐〟が在来線経由を表す）。なかなか珍しい様式といえよう。

新幹線が絡むと、「旅客営業規則」は本当にややこしくなる。いささか頭痛や目眩《めまい》もしてきたので、このへんにて話は御開きとさせていただこう。

あとがき

第四幕では、いろいろな特急券を見本として、お示しした。半数ぐらいは、現地へ赴き手に入れたものなのだが、残りは、我が荒《あば》ら家《や》の押し入れの奥で眠っていた古物である。

乗った列車のきっぷは、記念に持ち帰るクセがあるものの、整理が下手くそというか、無造作に箱の中に放り込んでおくだけなので、いざ、見本に必要なものを取り出そうとしても、探索には大変な労力を要する。そもそも、入れ物の箱自体、出すのが一苦労であった。

〝苦労〟の結果、もろもろ貴重なきっぷが現れるも、本書の話題とはかかわり合いがないため、載せられなかったものも多い。誠に残念である。

そこで、頁にまだ少し余裕がありそうだから、この場において、選に洩《も》れたやつを、ちょっとばかし紹介していこうと思う。

「あとがき」にきっぷの見本が出てくるなど、なんだか変な感じがするけれど、もともと本書自体、変な存在なのだから、気にしない。

２２３頁の見本⑩は、東武鉄道の出札補充券によるＪＲ線連絡乗車券・特急券の例だった。ついでに、他社の出札補充券も見てみよう。

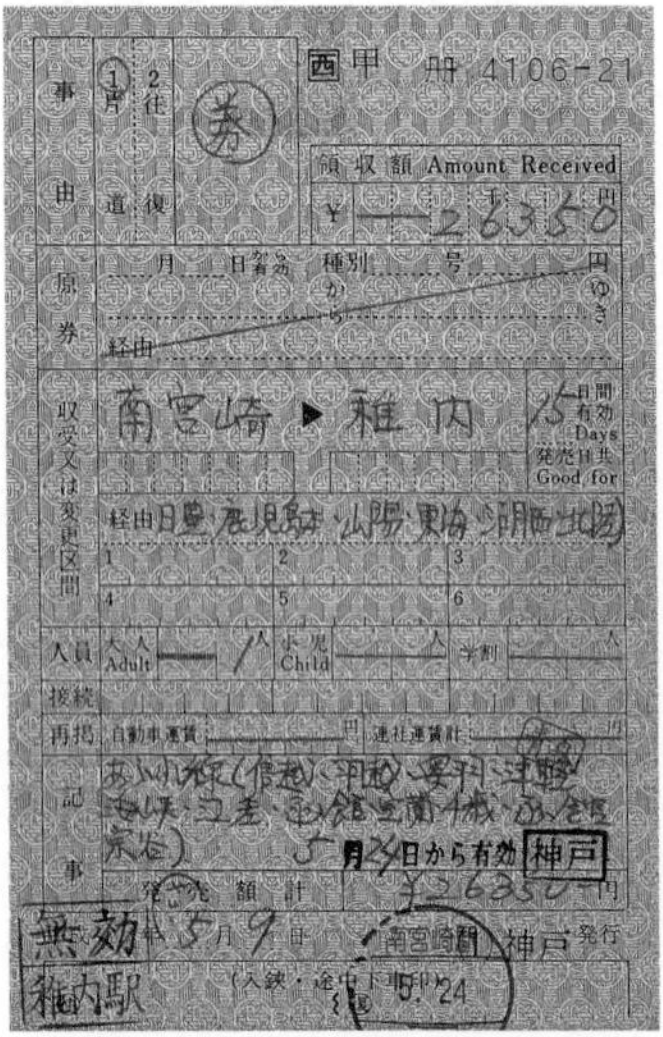

見本Ｘ

見本Ｘは、ＪＲ西日本の出札補充券によって発券がなされた片道乗車券となる。この様式こそが、ＪＲ各社の「旅客営業規則」第２２５条に規定のものである。ＪＲの出札補充券は、見本Ｘのように乗車区間の経由線（経路）が多すぎて、マルスでは対応出来ない乗車券などに出番が多い。

続く見本Ｙの上方のきっぷは、伊豆急行の出札補充券による国鉄線連絡の片道乗車券である。現在ならば、乗車券類発売端末機での発券となろうが、購入した昭和五九年当時は、硬券や出札補充券が、まさに主役であった。その下は、昭和五八年に伊豆高原駅で買い求めた「踊り子６号」の連絡特急券であり、タテ三センチ、ヨコ八・八センチのＤ型硬券に、座席番号が手書きというのが実に懐かしい。おそらくは、当時、既にマルス端末を設置していた伊豆急下田駅へ、係員が電話したものと思われる。

本当にちょっとだけで恐縮するが、最後の見本Zの上は、名古屋鉄道の出札補充券で発券をみたJR線連絡の片道乗車券である。購入時の平成七年には、名鉄からJR高山本線へ直通する特急「北アルプス」号（運行区間は神宮前・新名古屋〔現・名鉄名古屋〕～高山間で、名鉄のディーゼルカーを使用）がまだ存在していた。それに乗って下呂へ向かおうと企て、乗車当日に名鉄の金山駅で買ったきっぷである。

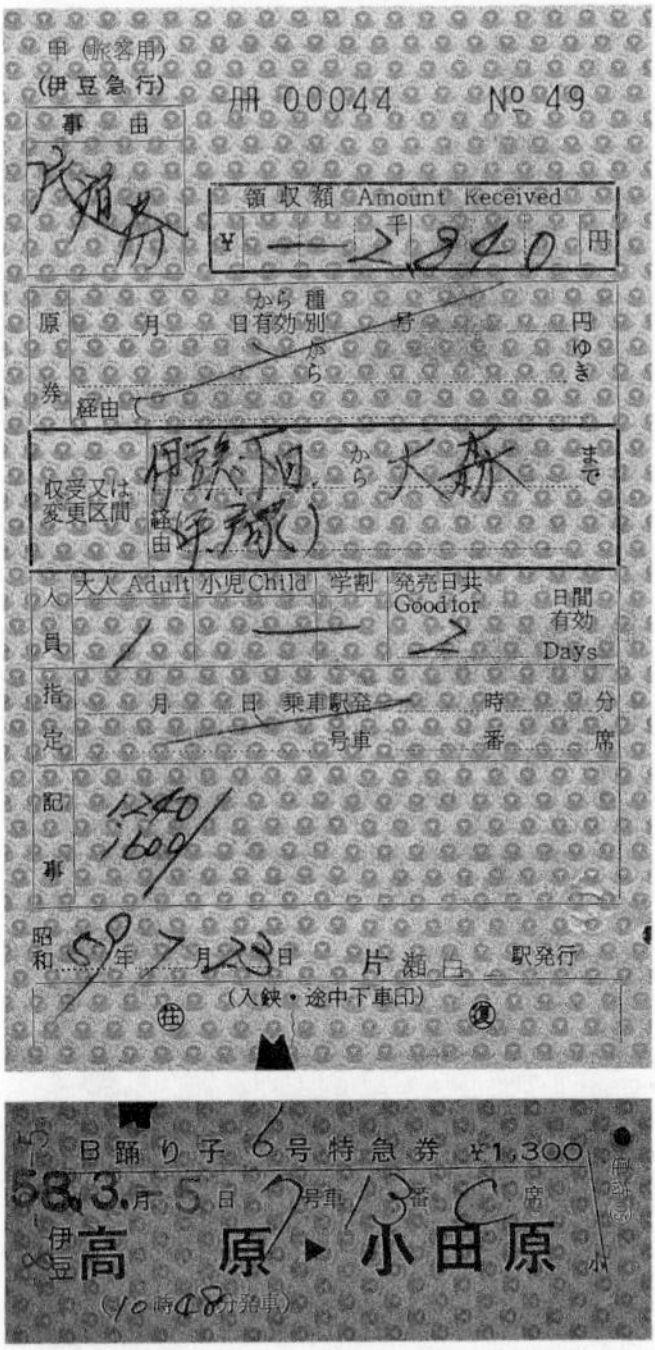

見本Y

特急券は指定席を希望したのだが、発車当日分の空席は、マルスに戻してしまっているとかで、JR東海の金山駅で購入するよう名鉄の窓口係員に勧められた。まあ、自由席でも坐れるだろうと思い、自由席特急券を購入、下のA型硬券を手にしたという次第。やっぱり、直通列車の座席管理は、どこもややこしそうである。

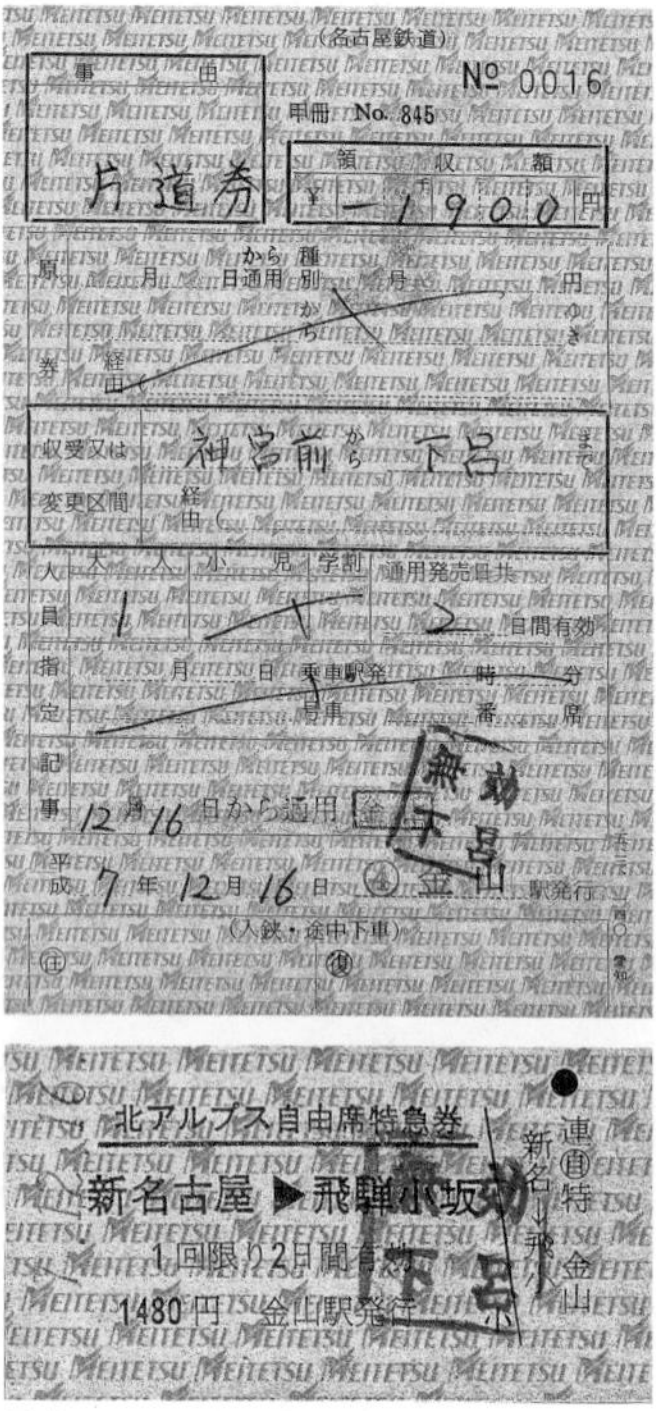

見本Z

これでおしまい。最後に、ややこしい原稿を見事にさばいて、まっとうな本として世に送り出していただいた光文社新書編集部の古川遊也さん、ほんとうにありがとうございました。

平成二七年六月吉日　須磨寺参道の腰掛けにて

所澤秀樹

参考文献

・『マイライン東京時刻表』各号（交通新聞社）
・『国鉄監修 交通公社の時刻表』各号（日本交通公社）
・『JTB時刻表』各号（JTB・JTBパブリッシング）
・『JR時刻表』各号（弘済出版社・交通新聞社）
・『名鉄時刻表 Vol.26』（名古屋鉄道）
・『東京地下鉄道日比谷線建設史』（帝都高速度交通営団）
・『東京地下鉄道副都心線建設史』（東京地下鉄）
・『都営地下鉄建設史―1号線―』（東京都交通局）
・『日本国有鉄道百年史』日本国有鉄道（日本国有鉄道）
・『鉄道百年略史』鉄道百年略史編さん委員会（電気車研究会・鉄道図書刊行会）
・『阪神電気鉄道八十年史』阪神電気鉄道（阪神電気鉄道）
・『阪神電気鉄道百年史』阪神電気鉄道（阪神電気鉄道）
・『注解 鉄道六法（平成25年版）』国土交通省鉄道局監修（第一法規）
・『鉄道要覧』各号 国土交通省鉄道局監修（電気車研究会・鉄道図書刊行会）
・『日本の鉄道120年の話』沢和哉（築地書館）
・『やさしい鉄道の法規』和久田康雄（成山堂書店）
・『鉄道運輸年表〈最新版〉』大久保邦彦・三宅俊彦・曽田英夫編（『旅』1999年1月号別冊付録・JTB）
・『地下鉄物語』種村直樹（日本交通公社）
・『東京の地下鉄がわかる事典』青木栄一監修・日本実業出版社編（日本実業出版社）
・『時刻表でたどる特急・急行史』原口隆行（JTB）
・『鉄道の地理学』青木栄一（WAVE出版）
・『鉄道用語事典』久保田博（グランプリ出版）
・『東日本旅客鉄道株式会社 旅客営業規則』（東日本旅客鉄道）
・『東海旅客鉄道株式会社 旅客営業規則』（東海旅客鉄道）
・『東海旅客鉄道株式会社 旅客連絡運輸規則』（東海旅客鉄道）
・『きっぷの話』徳江茂（成山堂書店）
・『JR旅客営業制度のQ & A』小布施由武（中央書院）
・『国鉄乗車券類大事典』近藤喜代太郎・池田和政（JTB）
・『みどりの窓口を支える「マルス」の謎』杉浦一機（草思社）
・『日本の植民地の真実 台湾 朝鮮 満州』黄文雄（扶桑社）
・『国鉄・JR列車名大事典』寺本光照（中央書院）
・『列車名大研究』大久保邦彦・曽田英夫（日本交通公社）
・『列車愛称の謎』所澤秀樹（山海堂）
・月刊『鉄道ピクトリアル』各号（電気車研究会・鉄道図書刊行会）

所澤秀樹（しょざわひでき）

交通史・文化研究家、旅行作家。1960年東京都生まれ。日本工業大学卒業。神戸市在住。著書は『鉄道フリーきっぷ 達人の旅ワザ』『鉄道旅行 週末だけでこんなに行ける！』『鉄道会社はややこしい』（第38回交通図書賞受賞）『日本の鉄道 乗り換え・乗り継ぎの達人』（以上、光文社新書）、『青春18きっぷで愉しむ ぶらり鈍行の旅』『旅がもっと楽しくなる 駅名おもしろ話』『鉄道地図は謎だらけ』（以上、光文社知恵の森文庫）、『鉄道の基礎知識』『国鉄の基礎知識』（ともに創元社）、『時刻表タイムトラベル』（ちくま新書）、『鉄道地図 残念な歴史』（ちくま文庫）など多数。

「快速《かいそく》」と「準急《じゅんきゅう》」はどっちが速《はや》い？ 鉄道《てつどう》のオキテはややこしい

2015年7月20日初版1刷発行

著　者 —— 所澤秀樹
発行者 —— 駒井　稔
装　幀 —— アラン・チャン
印刷所 —— 萩原印刷
製本所 —— 榎本製本
発行所 —— 株式会社光文社
東京都文京区音羽1-16-6（〒112-8011）
http://www.kobunsha.com/
電　話 —— 編集部03(5395)8289　書籍販売部03(5395)8116
業務部03(5395)8125
メール —— sinsyo@kobunsha.com

　ISBN 978-4-334-03869-4

743
教養としての聖書
橋爪大三郎

ビジネスパーソン必携。創世記、出エジプト記、申命記、マルコによる福音書、ローマ人への手紙、ヨハネ黙示録をスラスラとダイジェスト型式で読み進める最強の「聖書」解説本。

978-4-334-03846-5

744
好きになられる能力
ライカビリティ　成功するための真の要因
松崎久純

我々は、いくら専門分野で優秀でも、「人から選ばれ」なくては成功できない！　無意識にしてしまいがちな話し方・ふるまいのパターンを意識化し、改善するための原則を教える。

978-4-334-03847-2

745
つくし世代
「新しい若者」の価値観を読む
藤本耕平

気鋭のマーケッターが、若者たちの「今」、「さとり」の次までを分析。彼ら・彼女らに芽生えつつある〈新しいマインド〉とは？　商品開発・マーケティング・人事に役立つ一冊。

978-4-334-03848-9

746
低予算でもなぜ強い？
湘南ベルマーレと日本サッカーの現在地
戸塚啓

２０１４年、開幕14連勝、その後21戦負け無しの記録を作り、史上最速でＪ１昇格圏を確保した湘南ベルマーレ。Ｊリーグが誇る「中小企業」の15年間を丹念に追ったノンフィクション。

978-4-334-03849-6

747
サルバルサン戦記
秦佐八郎　世界初の抗生物質を作った男
岩田健太郎

感染症界のエースが挑む、空前絶後の科学ノベル！　研究とは何か、科学者の資質とは……実在の細菌学者の人生と当時の名だたる研究者との交流・葛藤を通し現代に問いかける！

978-4-334-03850-2

748
二塁手革命
菊池涼介

2年連続ゴールデングラブを獲得、そのグラブさばきにはメジャーも惚れた！ ヒットをアウトにする守備範囲、超シンプル打法で安打量産。今、最もワクワクする選手の野球論。

978-4-334-03851-9

749
アップル、グーグルが神になる日
ハードウェアはなぜゴミなのか？
上原昭宏 山路達也

身の回りの様々な機器がクラウドにつながる「モノのインターネット化」（IoT）。この急成長市場を足掛かりとした、巨大IT企業の企みを解き明かす。【小飼弾氏推薦】

978-4-334-03852-6

750
すごい！ 日本の食の底力
新しい料理人像を訪ねて
辻芳樹

日本は食材だけじゃない、人材の宝庫だ。辻調グループ代表が日本の食の先駆者たちを徹底取材。日本を元気にする新世代たちの試みを知れば、これからの「食」の形が見えてくる！

978-4-334-03853-3

751
目の見えない人は世界をどう見ているのか
伊藤亜紗

視覚障害者との対話から、〈見る〉ことを問い直す身体論。「〈見えない〉ことは欠落ではなく、脳の内部に新しい扉が開かれること。驚くべき書き手が登場した」【福岡伸一氏推薦】

978-4-334-03854-0

752
説得は「言い換え」が9割
向谷匡史

説得とはノーをイエスに転じさせる技術であり、その成否は「言い換え」で決まる。各界のトップからヤクザのドンまで大物たちと対峙してきた著者が、人を動かす話術を伝授！

978-4-334-03855-7

753
人は、誰もが「多重人格」
誰も語らなかった「才能開花の技法」
田坂広志

なぜ、「隠れた人格」を育てると、「隠れた才能」が現れるのか？　21世紀のダ・ヴィンチは、いかにして生まれるか？――新たな「才能開花の技法」を対話形式で説く。

978-4-334-03856-4

754
ヤバいLINE
日本人が知らない不都合な真実
慎武宏　河鐘基

日本人の四割強、国内だけで五八〇〇万人のユーザーを抱えるLINE。その複雑なビジネスモデルを徹底解説し、社会的インフラとしての「責任」を問うノンフィクション。

978-4-334-03857-1

755
入門　組織開発
活き活きと働ける職場をつくる
中村和彦

仕事や会社でのストレス、職場や部門間でのコミュニケーション不足、上司や経営層への不信感etc.。これらの問題を解決するには？「人」「関係性」に働きかける最新理論。

978-4-334-03858-8

756
もしも、詩があったら
アーサー・ビナード

文学において、思考において、そして人生において、「if」の果たす役割はどれだけ大きいことか。古今東西の選りすぐりの名詩を味わいながら、偉大なる「もしも」の数々を紹介。

978-4-334-03859-5

757
やってはいけないダイエット
坂詰真二

流行の「〇〇ダイエット」のほとんどは効果がないか、命の危険！　大ヒット「やってはいけない」シリーズの人気トレーナーが体脂肪だけ減らす確実・安全なダイエット法を伝授。

978-4-334-03860-1

758
東大名物教授の熱血セミナー
日本経済を「見通す」力
伊藤元重
初期段階を終え「ステージⅡ」に入ったアベノミクス。先行き不透明な日本経済を、名物経済学者の読みやすい講義形式でまるっと摑む。今すぐ仕事に使える話題が満載の書。
978-4-334-03861-8

759
見た目は腸が決める
松生恒夫
4万人の腸を見てきた医師が出した結論は、「腸が元気な人は見た目が若い」。食物繊維や腸内細菌の効能、「地中海式和食」など、誰でも見た目が若返る〝快腸〟メソッドを解説。
978-4-334-03862-5

760
教育という病
子どもと先生を苦しめる「教育リスク」
内田良
巨大化する組体操、虐待の問題提起の芽を摘む2分の1成人式、教員の過酷な労働実態……安心・安全と信じられている「教育というお墨付き」に潜むリスクを明らかにする。
978-4-334-03863-2

761
〈オールカラー版〉美術の誘惑
宮下規久朗
美術作品は人と同じで、出会う時期というものがある。そして、ほんとうに大切なものは、いつまでも生き続ける——。美の原点に触れる、一期一会の物語。【図版125点収録】
978-4-334-03864-9

762
〈オールカラー版〉一生に一度は行きたい
世界の旅先ベスト25
多賀秀行
延べ七〇以上の国と地域を訪ねてきた、旅のプロが選んだ「絶対外さない」「人生が変わる」旅行先。ネットではわからない貴重な情報も多数掲載。必要な体力、旅行代金、日程の目安付き。
978-4-334-03865-6

763
島耕作の農業論
弘兼憲史

「農業は、クリエイティブでカッコイイ仕事だ！」。元気のない日本の農業の「現在」を、会長となった「島耕作」と一緒に楽しく学べる一冊。新浪剛史サントリー社長との対談も収録。

978-4-334-03866-3

764
人生に疲れたらスペイン巡礼
飲み、食べ、歩く800キロの旅
小野美由紀

普通の旅行じゃ物足りない、世界中の人と出会いたい、大人の自分探し、やせたい……etc. 目的は人それぞれ。いつかは行きたいカミーノ・デ・サンティアゴがまるごとわかる一冊。

978-4-334-03867-0

765
なぜ戦争は伝わりやすく平和は伝わりにくいのか
ピース・コミュニケーションという試み
伊藤剛

戦争を起こし、拡大する①「権力者の法則」②「メディアの構造」③「大衆の心理」の「三位一体モデル」の分析を基に、平和を維持するための新たな方法論を模索する。

978-4-334-03868-7

766
「快速」と「準急」はどっちが速い？
鉄道のオキテはややこしい
所澤秀樹

「急行」より速い「区間快速」⁉︎「普通」と「各停」の違いは？土曜・休日は東急線内に幽閉されるメトロ車……ややこしくて解せないがなぜか惹かれる鉄道のディープな世界へご招待。

978-4-334-03869-4

767
老人に冷たい国・日本
「貧困と社会的孤立」の現実
河合克義

高齢者3000万人時代――。NHK『無縁社会』『老人漂流社会』に協力・出演した著者が、30年の調査・研究データをもとに、これからの時代に必要な視点と、問題解決へのシナリオを示す。

978-4-334-03870-0